W0201511

# *Il grande* libro *delle* RAGAZZE

*Editing:* Benedetta Biasi
*Progetto grafico:* Kim Amate
*Impaginazione:* Danielle Stern
*Redazione:* Nicolò Porro

www.battelloavapore.it

Titolo originale: *El gran libro de las chicas*
© 2017 Ana García-Siñeriz Alonso per il testo
© 2017 Jordi Labanda per le illustrazioni
© Editorial Planeta, S.A., 2017

Pubblicato per PIEMME da Mondadori Libri S.p.A.
I Edizione 2018
© 2018 - Mondadori Libri S.p.A., Milano
ISBN 978-88-566-6505-5

Anno 2018-2019-2020 Edizione 1 2 3 4 5 6 7 8 9 10

È assolutamente vietata la riproduzione totale o parziale di questo libro, così come l'inserimento in circuiti informatici, la trasmissione sotto qualsiasi forma e con qualunque mezzo elettronico, meccanico, attraverso fotocopie, registrazione o altri metodi, senza il permesso scritto dei titolari del copyright.

ELCOGRAF S.p.A. - Via Mondadori, 15 - Verona

Ana García-Siñeriz Alonso

# *Il grande* libro *delle* Ragazze

Traduzione di
Loredana Serratore

Illustrazioni di
Jordi Labanda

IL BATTELLO A VAPORE

PIEMME

# Strettamente riservato

- Questo libro l'ho comprato/mi è stato regalato: ..............................
- Mi chiamo ..............................
- Sono nata il ..............................
- Abito a ..............................
- La cosa che mi piace di più è ..............................
- E quella che mi piace meno è ..............................
- Le mie migliori amiche sono ..............................
- I miei migliori amici sono ..............................
- Il mio colore preferito è ..............................
- Se fossi un animale sarei ..............................
- Mi piacerebbe fare un viaggio in ..............................
- Il mio sogno più grande è ..............................
- E da grande sarò:

**a.** Pilota di Formula 1
**b.** Chef
**c.** Pittrice
**d.** Tennista
**e.** ..............................

(Scrivi quello che vuoi fare.
*Ci riuscirai, stanne certa!*)

# Conosci Zoe e la sua Banda?

Zoe e i suoi amici hanno un sacco di cose in comune con te. Prima però devi conoscerli… Ma fai attenzione ad Amanda e ai suoi consigli! La maggior parte delle volte **NON** bisogna darle retta… ☺

# Io sono Zoe

La mia famiglia è un po' speciale.

I miei genitori vivono in **DUE** case di **DUE** paesi diversi.

Mia sorella *Matilde* è fantastica. La adoro! In fatto di eleganza è il TOP! E tra l'altro è una rockstar. Ha stile da vendere, e la sua band è supermegafamosa. Volete sapere il nome del suo gruppo? FRENCH CONNECTION!

Mio fratello Nic è… un rompiscatole spaziale, ma in fondo in fondo gli voglio bene. È molto simpatico, ma mi fa arrabbiare *tantissimo*!

Vivo nella periferia di una grande città con la mamma e Nic. La mamma lavora per un'organizzazione che raccoglie cani abbandonati (è così che abbiamo trovato Kira, la mia cagnolona, quando era ancora un cucciolo). E papà vive… in giro per il mondo. È sempre in viaggio, ha sempre a che fare con gente piuttosto importante e, qualche volta, ci porta con sé. Voglio molto bene a entrambi!

*Ho una famiglia così grande che per capirci qualcosa un albero genealogico solo non basta!*

## Mi piace:

risolvere casi misteriosi con gli amici, divertirmi con la mia amica Liseta, far arrabbiare la mia amica Álex e seguire i consigli di Marc (soprattutto per quanto riguarda i libri: lui sa sempre cosa leggere, *eh eh eh...*). Ah, mi piacciono anche i dolci e il cioccolato (qui troverai le mie ricette!).

## Non mi piace:

la pioggia, il pesce con le spine, la domenica pomeriggio (soprattutto se non ho fatto i compiti), quando Matilde o papà partono per un viaggio.

# Álex

È la nostra esperta di aggeggi tecnologici, in pratica di tutto quello che è alimentato da una batteria o dalla corrente.

*È una vera smanettona!*

Il suo nome è Álexandra, ma preferisce farsi chiamare Álex.

L'ho conosciuta il primo giorno di scuola e da allora siamo *inseparabili!*

**Adora:**

i film d'azione, i computer
e tutto ciò che è digitale.
*È supergolosa, e se non stiamo attenti fa fuori la merenda a tutti!*

**Non sopporta:**

le gonne, le bambole, lo smalto per le unghie e tutto ciò che è *ROSA*. Lo trova così lezioso… Lei e Liseta non potrebbero essere più diverse, ma questo non è un problema: sono entrambe… *le mie migliori amiche!*

**Da grande:**

vuol continuare a risolvere misteri e a vivere avventure. E, nel frattempo, sogna di diventare pilota di Formula 1. *Tutto insieme!*

# Liseta

Se c'è bisogno
di intuito femminile, è
la persona che ci vuole.
L'intuito femminile è la
sua materia preferita,
al cento per cento!

Al contrario
di Álex, Liseta
adora il rosa,
i gattini, i cagnolini,
i fiori e la moda.
E se ci serve qualcosa,
di sicuro quel qualcosa
sarà nella sua borsa.

*Sembra magica!*

## Le piace da impazzire:

la moda! E usare i trucchi di sua madre. In questo è una specialista: durante le nostre avventure è in grado di camuffarci alla perfezione.

## Non le piace:

fare sport, correre, sgualcirsi i vestiti e avere un diavolo per capello (soprattutto se è appena stata dal parrucchiere). A meno che tu non ne abbia bisogno per fare sport, è la migliore compagna che si possa desiderare!

# Marc

È l'*unico* ragazzo della compagnia.

È super intelligente, adora leggere e sa sempre come toglierci dai guai durante le nostre avventure.

È così intelligente che spesso non vuole darlo a vedere per evitare che gli diano del secchione. Tu ci capisci qualcosa? I suoi genitori *proprio no* (soprattutto quando arriva la pagella… *Ahiahiahi!*).

**Adora:**

studiare, leggere, imparare…

**Da grande:**

vuol fare lo SCRITTORE. È l'autore del nostro *Manuale dell'agente segreto per principianti*, un librone in cui annota TUTTO quello che abbiamo bisogno di sapere per affrontare al meglio le nostre avventure.

**Odia:**

Marc è incapace di odiare. A quanto pare, però, sono i latticini, il glutine, i profumi e il cioccolato a odiare lui…

Perché è praticamente ALLERGICO a tutto! (Specialmente al profumo di Amanda, *bleaaah!*)

# e Kira

È la mia adorata cagnolona, nonché socia onoraria della Banda di Zoe. A volte sembra che le manchi solo la parola. Però noi la capiamo comunque!

Amanda la chiama *cagnaccius pelosus et pulciosus*, perché è proprio *simpatica* (lo scrivo così, in modalità "ironia"). Amanda vuole stare sempre addosso a papà, ma lui ogni volta riesce a scansarla. ***Meno male!***

## Hobby:

inseguire **Manicure**, il gatto di Amanda. È *simpatico* (modalità "ironia" come prima) quanto la sua padrona. E poi rubare il cibo dalla cucina appena la mamma si distrae (questo non è molto carino, **eh eh eh**).

## È contraria a:

gli hot dog (per **solidarietà** canina). La vasca da bagno. Ecco perché non la laviamo tanto spesso. La mamma dice che è un cane a **risparmio energetico** (di sicuro con lei non rischiamo di sprecare l'acqua!).

# E infine Amanda

*Mah... come descriverla?*
Diciamo che lei si definirebbe la fidanzata di mio padre, ma non c'è niente di più lontano dalla verità, per fortuna.

**Adora:**

gli yacht, i viaggi ultra lusso, le pellicce (*orrore!*) e avere a portata di mano i suoi tre cellulari sempre carichi. Lascia una scia di profumo terrificante! (Povero Marc, appena c'è in giro Amanda comincia a starnutire.)

Si impegna a rifilarci i suoi bei consigli, ma quello che dice Amanda è esattamente *IL CONTRARIO* di quel che di solito bisogna fare.

# *Che cos'è* **Il grande libro delle ragazze?**

È un libro speciale, speciale come te. È il **GRANDE libro** della *Banda di Zoe*, in cui noi (cioè Liseta, Marc, Álex e Zoe) ti racconteremo tutti i segreti e i trucchi del mestiere. Ma anche le cose più divertenti, **QUELLE** che potresti confidare solo alle tue migliori amiche, o magari anche no. In sintesi, tutto quello che una ragazza come te deve sapere e non avrà bisogno di chiedere (perché lo ha già trovato in questo libro!).

Le cose sono cambiate. Oggi ci sono orologi che non solo segnano l'ora, ma fanno da telefono e da schermo per vedere i tuoi programmi preferiti. Al posto delle lettere, scriviamo SMS e email (con molta meno fatica!). Alzi la mano chi ha comprato un francobollo di recente! Dormire a casa della tua migliore amica è ancora una grande avventura, ma puoi comunicare con lei senza bisogno di parlare. Con le foto! Oggi una ragazza deve saper usare (bene) i social network, ma deve anche sapere che cos'è una stella cadente (che, fra parentesi, non c'entra niente con le stelle di Hollywood).
Divertiti con i trucchi e i consigli della Banda di Zoe! Troverai un sacco di cose che ti saranno utilissime sempre. Perché essere una ragazza del XXI secolo è meraviglioso, ma con un manuale d'istruzioni come questo sarà un vero divertimento!

*Spero tanto ti piaccia!*

*Zoe*

# ZOE TEST

## *Che cosa vuol dire essere una ragazza?*

Essere una ragazza è meraviglioso, siamo d'accordo, ma ***che cosa vuol dire esattamente***? Hai la risposta? Noi la stiamo cercando. In compenso, sappiamo bene che cosa **NON** deve essere una ragazza…

- Una ragazza non dev'essere falsa né bugiarda.
- Una ragazza non dev'essere crudele con gli altri.
- Una ragazza non dev'essere pigra né trascurata.
- Una ragazza non dev'essere egoista.
- Una ragazza non dev'essere vanitosa né frivola.
- Una ragazza non deve lagnarsi in continuazione.
- Una ragazza non dev'essere indifferente a quello che accade nel mondo intorno a lei.

# L'abc
## *della moda secondo Liseta*
### *dalla A alla Z*

**Per parlare di moda, servono le parole giuste!**

## ANIMALIER

Il leopardato è un evergreen, e le riviste di moda lo chiamano animalier. Occhio: a piccole dosi può essere divertente, ma se esageri potresti diventare la gemella di Amanda. *Orrore!*

## Bermuda

Pantaloni corti al ginocchio. Si chiamano così perché vengono dalle Isole Bermuda. Lì, gli inglesi eleganti portavano questi pantaloni corti, abbinandoli a giacca, cravatta e calzini lunghi al ginocchio… *E dire che nessuno li considerava ridicoli!*

## Classico scozzese

È legato a un tessuto tipico della Scozia: il *tartan*. Una volta gli uomini indossavano un grande tessuto in *tartan* per mostrare a quale clan o famiglia appartenevano. In seguito diventò il pattern più usato nelle uniformi scolastiche, per poi essere preso a prestito dai punk negli anni Ottanta. Una cosa è certa: è un “classico” che torna sempre di moda.

# Do you speak English?

Se sei a Londra, a New York o a Sidney e fa caldo, un gelato è quel che ci vuole. Ma devi sapere come chiederlo!

*Puoi formulare la domanda in vari modi:*

## 1. «AIS CRÍM!»

(ad alta voce e gesticolando per far capire il gusto che vuoi)

**SBAGLIATO.** Se fai così, potrebbe succedere che:
**a.** Ti danno il gelato, ma in malo modo perché pensano che tu venga dalla giungla, dove non hai mai sentito parlare né della lingua di Shakespeare né delle buone maniere.

**b.** NON ti danno il gelato perché passano al cliente successivo senza nemmeno chiedersi da dove tu venga o dove stia andando.

## 2. «CAN I HAVE AN ICE CREAM?»

**ACCETTABILE.** Ti hanno capito, ma è possibile che tu rimanga lo stesso senza gelato, o che ti facciano aspettare un po'. Nel paese della Regina e del *fish and chips* sono molto attenti sul fatto di chiedere le cose con educazione. Il *please* ("per favore") è indispensabile. Come anche il *thank you* ("grazie"), alla fine.

## 3. «MAY I HAVE AN ICE CREAM, PLEASE?»

**RISPOSTA ESATTA!** Significa: "Posso avere un gelato, per favore?". In questo caso sei sicuro al cento per cento di poterti deliziare con un fantastico gelato alla vaniglia, alla fragola, al cioccolato o al pistacchio (o qualunque altro gusto tu desideri).

# Calcio

## Che cos'è il fuorigioco

**NON** ne hai idea? Be', chi conosce il fuorigioco ne sa abbastanza, di calcio. Io dico che anche noi ragazze possiamo diventare delle vere **esperte**!

Cominciamo dall'inizio: il calcio è uno sport che si gioca con un pallone e con i piedi (fin qui tutto bene) in un campo con undici giocatori e due porte. L'obiettivo è fare gol: la palla deve entrare nella porta della squadra avversaria.

Si parla di posizione di fuorigioco quando l'attaccante che riceve la palla è più vicino alla porta avversaria rispetto a tutti i giocatori della squadra avversaria. Tutti, tranne uno (di solito il portiere).

Ma attenzione: un giocatore NON è in fuorigioco se riceve il pallone da una rimessa laterale, da una rimessa da fondocampo o da un calcio d'angolo. E nemmeno se questo stesso giocatore gioca una palla che è stata toccata l'ultima volta da un giocatore avversario.

### *COSA SUCCEDE QUANDO VIENE SEGNALATO UN FUORIGIOCO*

L'arbitro assegna un calcio di punizione alla squadra avversaria dal punto in cui si è verificato il fuorigioco. *OCCHIO!*

# Cose da fare *(e da non dimenticare)* prima di salire su un aereo

## 1.

***Prepara in anticipo i vestiti*** da portare con te. Meglio scegliere poche cose, che possano essere usate in più occasioni. Viaggiare leggeri è una cosa fantastica!

## 2.

***Metti i prodotti per la toilette*** (dentifricio, sapone, creme, ecc.) in un contenitore trasparente. È utile perché quando passi i controlli di sicurezza, dovrai tirarli fuori dalla valigia.

## 3.

***Fai la valigia e chiudila poco prima di uscire.*** In questo caso potrai mettere dentro qualcosa anche all'ultimo momento.

## 4.

**Vestiti comoda.** Un paio di pantaloni morbidi, una maglietta e un paio di sneakers andranno benissimo. Non dimenticare qualcosa di più pesante, perché in aereo l'aria condizionata è molto forte. Se hai stivali, stivaletti o scarpe alte, ai controlli di sicurezza dovrai toglierteli. Lo stesso vale per le cinture e gli abiti con rifiniture metalliche. Quindi, sinceramente, per viaggiare te li sconsiglio.

## 5.

**Stampa o carica sul cellulare la carta d'imbarco:** vietato dimenticarla!

## 6.

**Controlla che il passaporto o la carta d'identità siano ancora validi.** A volte, per entrare in alcuni Paesi, il passaporto deve avere ancora una validità di sei mesi. Meglio controllare bene prima di partire.

## 7.

**Chiudi la valigia e vai!** *Viaggiare sarà FANTASTICO!*

# 9 cose

# che i gatti detestano

## 1. L'acqua

I gatti odiano bagnarsi. Hai mai visto un gatto fradicio? È l'animale con l'aria più mogia che ci sia. L'acqua è nemica numero uno del tuo gatto, ma magari c'è qualcuno che di tanto in tanto riesce anche a fargli il bagno!

## 2. I cani

Ebbene sì, la storiella di essere come cane e gatto (per dire che non si va d'accordo) è vera. Il gatto non la manda a dire al cane e, anzi, può essere molto aggressivo. Si difende drizzando il pelo, un trucco per sembrare più grande e fargli paura. E ha pur sempre gli artigli, che sono un'arma molto affilata. Conclusione: fai attenzione al tuo cane se c'è un *gattino* nelle vicinanze!

## 3. La propria cacca

I gatti sono pulitissimi. Si leccano in continuazione e si lustrano il pelo fino a che non sono... impeccabili! Per questo detestano trovare la lettiera sporca, anche se la cacca è tutta loro!

### 4. Essere strapazzati

Sì, vuoi molto bene al tuo gattino, ma non esagerare con gli abbracci, perché anche il micetto più affettuoso arriverà a tirarti una zampata affilata. I gatti preferiscono le manifestazioni d'affetto delicate… e a distanza.

### 5. I serpenti

I serpenti sono predatori sempre in cerca di gatti, topi e altri animaletti di piccola taglia. Alcuni tipi di serpenti e di bisce affrontano i gatti in battaglie pazzesche. Magari ne hai vista qualcuna nei documentari alla tele. I serpenti comunque non piacciono neanche a noi umani… *Puah!*

### 6. Il trasportino

Non gli piacerà nemmeno se lo usi per portarli in vacanza nel posto più bello del mondo. Appena vedono la gabbietta se la filano… a zampe levate. Ci scommetti? Se vuoi mettere il tuo gatto in un trasportino dovrai ricorrere a un trucco o prenderlo dolcemente per la collottola, infilarlo dentro e chiudere a tutta velocità!

### 7. Viaggiare, soprattutto in auto

No, ai gatti non piace viaggiare come a noi umani. È vero che i gatti sono capaci di percorrere grandi distanze. E che vanno spesso a mangiare e bere in altre case senza che tu nemmeno te ne accorga. Barche, aerei o automobili, invece, non si addicono per niente alla vita gattesca.

### 8. Il rumore

*Arghhh!* Poverini, non possono neanche tapparsi le orecchie! Ai gatti non piacciono i rumori, né la musica alta né il baccano in generale. Non hai notato che se in casa c'è molto rumore cominciano a miagolare? E così fanno ancora più rumore.

### 9. L'odore dei prodotti per la pulizia

Per quanto ai gatti piaccia la pulizia, l'odore dei detergenti li disturba da morire. Per un gatto, la puzza di candeggina, ammoniaca o detersivo è una tortura, quasi come per gli esseri umani l'odore della sporcizia.

# Come chiedere indicazioni per il Museo del Louvre

Parigi è meravigliosa e c'è davvero tantissimo da scoprire... Che ne dici di cominciare dalla Monna Lisa? Se però non sai come arrivarci, ti toccherà chiedere, giusto?
*Puoi provare così:*

## 1. «LE LÚVRE, LE LÚVRE...»

(ad alta voce e indicando la Senna, che dovrebbe essere lì nei pressi)

**SBAGLIATO.** Se fai così potrebbe succedere che:
**a.** Ti scrutano dall'alto in basso e tirano dritto infischiandosene di te. È molto probabile che vada così, sappilo!
**b.** Ti rispondono con indicazioni altrettanto imprecise come **"PAR LÀ"**, che significa **"DI LÀ"**, e se indicano verso l'orizzonte rischi di ritrovarti dall'altra parte del mondo, proprio dove c'è la copia in scala ridotta della Statua della Libertà (ma si trova... a New York!).

## 2. «LOUVRE, SIVUPLÉ?»

**ACCETTABILE.** Hai fatto un piccolo sforzo per cercare di dire **"PER FAVORE"**, ma in maniera quasi incomprensibile. E poi ti manca mezza frase. È una domanda telegrafica, mentre i francesi adorano chiacchierare. Con ogni probabilità ti attaccheranno un bottone di cui non capirai niente e poi ti pianteranno in asso. Risultato: non avrai avuto risposta.

## 3. «SAVEZ-VOUS OÙ EST LE MUSÉE DU LOUVRE, S'IL VOUS PLAÎT?»

**RISPOSTA ESATTA!** Significa: "Sa dove si trova il Museo del Louvre, per favore?". Lo hai chiesto così bene che se stringi un pochino la boccuccia per avere un buon accento francese, probabilmente ti accompagneranno fin lì e ti regaleranno pure un ***croissant***. *Au revoir!*

Zoe MINICHEF

# Milkshake al cioccolato stile *film anni Cinquanta*

*Rinfrescante e delizioso*

**1 l di gelato al cioccolato freddissimo**

**1 l di latte freddo**

**Cioccolato in scaglie**

**Un biscotto secco**

Metti il latte e il gelato nel frullatore e azionalo per qualche secondo. Versa il composto spumoso in bicchieri alti e spolverizza sopra le scaglie di cioccolato e il biscotto sbriciolato. Aggiungi una cannuccia e...

*enjoy!*

# Fischiare è facilissimo
## *(basta saperlo fare)*

Álex adora chiamarci fischiando, *eh eh eh.* E tu come te la cavi?

### IMPARA A FISCHIARE COME ÁLEX IN QUATTRO MOSSE

**1. METTI INDICE E MEDIO (DI ENTRAMBE LE MANI) BEN TESI E RIVOLTI VERSO IL VISO.**

**2. PIEGA LA LINGUA.**

**3. INFILA LE QUATTRO DITA IN BOCCA, SOPRA LA LINGUA RIPIEGATA VERSO IL PALATO.**

**4. SOFFIA E FAI PASSARE L'ARIA TRA LE DITA.**

Se è andato tutto bene, dovrebbe uscire un suono tipo

*FIUUU!*

Se qualcosa è andato storto, riprovaci. Vedrai che ci riuscirai!

Zoe
MINICHEF

# Pizza con le patate

Pizza con le patate… Hai letto bene?
SÌ. La pizza con le patate è fantastica.
Ora ti insegno a farla come un *pizzaiolo* professionista.

## Impasto:

**400 g di farina**
**200 ml di acqua tiepida**
**3 cucchiai di olio extravergine d'oliva**
**1 cucchiaino di sale**
**1 cubetto di lievito di birra fresco**

**Patate tagliate a fettine sottili**
**Olio d'oliva**
**Rosmarino**
**Sale grosso**

(Se hai l'impastatrice è più semplice, ma puoi lavorare anche a mano!)

Disponi la farina a fontana e versa al centro il lievito di birra sbriciolato, il sale, l'olio e metà acqua. Infarinati le mani e comincia a impastare delicatamente, aggiungendo l'acqua restante a poco a poco. Continua finché non avrai un impasto liscio ed elastico.

Forma una palla, sistemala in un recipiente molto più grande, copri con una pellicola o un panno, e lasciala lievitare in luogo asciutto per circa 2 ore.

Versa un po' d'olio extravergine su una teglia da forno e ungila con le mani, poi, con le mani ancora unte d'olio, prendi la pasta lievitata e stendila dandole una forma circolare. Sistemaci sopra le fettine di patate, come se fosse una torta, e completa con il sale e gli aghi di rosmarino. Irrora il tutto con l'olio e metti in forno già caldo a una temperatura di 200 °C per 20 minuti, o finché le patate saranno dorate ma non bruciate.

Allora… non è SPETTACOLARE?

# Le piante e gli animali intorno a noi (parte 1)

*Ti sei mai chiesta come si chiamano gli uccelli che ti svegliano al mattino ai primi raggi di sole? Anche se vivi in città, ci sono un sacco di piante e animali che puoi imparare a conoscere.*
*Álex non si separa mai dal suo binocolo, perciò conosce benissimo l'ambiente che la circonda. Senza nemmeno bisogno di sfruttare le sue abilità di spia...*

## Passero

Questo uccellino carinissimo, la specie più diffusa in Europa, misura tra i 10 e i 15 centimetri, è di colore bruno e vive all'incirca tre anni. Non pesa neanche 100 grammi (alcuni esemplari non arrivano nemmeno alla metà di quel peso) e depone 4 o 5 uova per nido. Sfortunatamente i passeri si stanno estinguendo per colpa dell'inquinamento, della mancanza di zone verdi in cui nidificare e vivere e per via di alcuni uccelli predatori, come il parrocchetto monaco.

## Piccione

Curiosamente, i piccioni sono uccelli intelligenti e affettuosi. Sono monogami (cioè mantengono lo stesso compagno o compagna per tutta la vita) e il maschio e la femmina condividono la cova e la cura delle uova e dei piccoli. I piccioni sono così comuni nelle città che in alcuni casi la convivenza diventa difficile perché sporcano dappertutto, rovinando le facciate degli edifici e mettendo in serio pericolo alcuni monumenti.

## Topo comune

Qual è il mammifero più diffuso sulla terra? L'uomo. E chi viene dopo? Il topo. Questo simpatico roditore ama vivere vicino a noi, per sua disgrazia, e si nutre di vegetali e latticini (il famoso formaggio), ma è anche carnivoro. Insomma, mangia di tutto!

## Lucertola

Sapevi che le lucertole si nutrono di insetti e piccoli vermi? Appartengono alla stessa famiglia dei ramarri, ma sono più piccole e adorano prendere il sole! Un dettaglio curioso: sono ovovivipare, vale a dire che si riproducono facendo le uova. Queste uova però non vengono deposte in un nido, ma rimangono all'interno della madre, per cui i piccoli escono direttamente dal corpo della mamma dopo la schiusa.

# Un armadio ordinato... ne vale *due!*

Per fare ordine nella tua vita parti... **dall'armadio!**

***Non sai da che parte cominciare?***

Ecco i miei trucchi infallibili per avere un armadio sempre in perfetto ordine.

**1. Raggruppa i capi in base al tipo:** le gonne con le gonne, i pantaloni con i pantaloni.

**2.** Poi, ordina tutto **per stagioni**: vestiti estivi e vestiti invernali.

**3.** Ripiega con cura la biancheria intima e impilala in **mucchietti ordinati nei cassetti**, in modo che quando li apri non si scateni l'inferno.

**4.** I **calzini** vanno appaiati. Il modo migliore per farlo è piegarli formando una pallina.

**5.** Metti le **scarpe** in basso, ma solo se sono pulitissime. Non vorrai riempire il tuo povero armadio di terra, giusto?

**6.** Togli tutto quel che hai **piantato lì da almeno due anni** (quel maglione che non ti è mai piaciuto e che di sicuro resterebbe lì per un'eternità a prendere polvere).

**7.** La roba che **non metti più** può avere una seconda vita. Chiedi in casa che cosa puoi farne. Ecco qualche idea: dalla a un'amica o a una cugina più piccola, a cui sai che piacerà. In alternativa portala nei punti di raccolta per gli abiti usati. Ti immagini quella maglietta che ora non ti va più bene volare dall'altra parte del mondo? Be', potrebbe anche succedere!

# MISSIONE GLAMOUR

## *Trucchi di stile: che cos'è un LBD?*

Un LBD *(Little Black Dress)*, detto anche tubino nero, è un capo essenziale.

È quel vestito con cui non sbagli mai quando non sai che accidenti metterti.

Ogni ragazza dai 14 anni in su fa una gran cosa ad avere nell'armadio un capo così semplicemente… *FONDAMENTALE.*

Consideralo un jolly che puoi usare in occasioni formali ma anche per andare a una festa. Il tutto semplicemente cambiando gli accessori.

È un *must*, come direbbero le riviste.

Se Matilde dovesse sceglierc un unico vestito per il suo guardaroba, sceglierebbe a colpo sicuro un Little Black Dress.

# Come organizzarsi per studiare *(meglio)*

Spesso il punto non è che non studiamo, ma che ci organizziamo *MALE*. La giornata è fatta di ventiquattro ore e dovrebbe darci il tempo di fare tutto. E se ci organizzassimo un po' meglio? Rose, l'assistente super efficiente di papà, ci svela i suoi trucchi per studiare e finire i compiti in un lampo!

Quando sei in classe, segnati sul diario tutto quello che c'è da fare per quel giorno e per il resto della settimana.

Non dimenticare di segnare le date delle **verifiche** e delle consegne degli **elaborati** non appena le sai.

Tieni sempre a portata di mano **tutto il materiale** di cui avrai bisogno.

**Trova un gruppo di compagni** di classe a cui chiedere aiuto in caso di dubbi sui compiti da fare.

Mettiti a lavorare in un **posto ordinato** e dove tu possa concentrarti.

**Fai ogni giorno una lista** (come questa) con quello che hai da fare e cerca di immaginare una durata per ogni compito. Prenditi dei momenti di relax.

**Ripassa tutti i giorni** (è sufficiente una lettura veloce) gli argomenti che avete fatto in classe.

**Rispetta i tempi** e (se riesci) non distrarti troppo.

**Preparati per le verifiche un po' per volta.** Fare poco ogni giorno è meglio che strapazzarsi di studio alla fine.

**Cancella dalla tua lista** le cose a mano a mano che le finisci.

*VOILÀ!* Se ti organizzi, vedrai che ti verrà tutto più facile.

# Scrivere un libro
*è un gioco... da ragazze (ah ah ah!)*

Spesso mi chiedono come faccio a scrivere le mie avventure. Non è facile, perché prima devo viverle (giusto?), ma con qualche trucchetto lo puoi fare benissimo anche tu.

1. Come prima cosa, pensa alla storia. Dovrà avere un inizio, poi uno sviluppo (cioè quello che succede in mezzo) e infine una conclusione o epilogo.

2. Crea delle schede con i personaggi che vuoi nella tua storia. Ti do un'idea: **trovane uno simpatico con cui i tuoi lettori possano identificarsi** (come me!). Sarà il tuo protagonista. Poi inventati e descrivi i personaggi **secondari**. Aiuteranno il protagonista nello svolgimento della trama (dopo ti spiego cos'è).

Immaginati un **cattivo**. È fondamentale. Da lui dipende il problema, detto anche conflitto, da risolvere. Se il cattivo è divertente, puoi scrivere una storia umoristica. Se il cattivo porta solo guai, il tuo sarà un racconto drammatico.

3. Crea un conflitto. È fondamentale per far andare avanti la trama, cioè quello che succede nel libro. Il conflitto deve intralciare i piani del protagonista e dev'essere risolto perché la storia arrivi alla fine.

4. Aggiungi una serie di "prove". Sono le peripezie che il protagonista dovrà affrontare per raggiungere l'obiettivo (con l'aiuto dei suoi amici e gli sgambetti del "cattivo").

5. Risolvi il conflitto del tuo protagonista e avrai il finale.

**Sai qual è il metodo migliore per imparare a scrivere?** *LEGGERE.*

# Donne che hanno cambiato la storia

## L'aviatrice Beryl Markham

Nacque in Inghilterra, ma si trasferì in Kenya quando aveva quattro anni. Rimase lì solamente con suo padre, in una fattoria dove imparò a cacciare e ad allevare cavalli, la sua seconda passione dopo gli aeroplani. Fu la prima persona (non solo la prima donna) a volare dall'Inghilterra a New York in solitaria e senza soste per il rifornimento di carburante. E fu la prima donna ad attraversare l'Atlantico in aereo, da sola, da est a ovest. Beryl Markham raccontò le sue avventure in un libro: *A Occidente con la notte.*

## L'astronauta Valentina Tereshkova

Nata in Russia, fu la prima donna a viaggiare nello spazio, nel 1963, a bordo della navicella Vostok. A Valentina erano sempre piaciute la matematica e la storia, ma non avrebbe mai sognato di viaggiare nello spazio, perché soffriva di vertigini. Si laureò in Ingegneria a pieni voti, e nascondendo il "piccolo dettaglio" delle vertigini ai suoi capi riuscì a raggiungere lo spazio. Ci vollero vent'anni perché Sally Ride, un'astronauta americana, riuscisse nella stessa impresa nel 1983.

## La viaggiatrice Gertrude Bell

Oggi sembra tutto facile, ma quando Gertrude Bell era giovane, per le donne le cose erano piuttosto difficili. Persino studiare all'università! Nata in Gran Bretagna, Gertrude frequentò la facoltà di Storia all'università di Oxford ma non riuscì a laurearsi. In seguito andò a trovare uno zio che viveva nell'antica Persia, si innamorò dell'Oriente e visitò tantissimi Paesi. Fu alpinista, archeologa, scrittrice e spia, ed ebbe un ruolo importante nella politica dell'epoca.

# Le cose che una ragazza deve avere sempre con sé

Se nella vita vuoi essere sempre pronta a tutto, dimentica Amanda e dai retta a Rose. Accertati di uscire di casa ben attrezzata, controllando la sua **CHECK LIST.**

## 1. Torcia elettrica

C'è qualcosa di peggio di rimanere al buio? Forse solo rimanere **al buio e senza torcia**! Questo ad Álex non succederebbe mai. E non dovrebbe capitare neanche a te. Se ti porti la borsa è per avere con te tutte quelle cose "in caso che"... E il "caso che" più importante è proprio questo: **combattere il buio**!

## 2. Fazzoletti

Metti che vai al cinema e ti commuovi.
Metti che hai bisogno di togliere una patacca di gelato dalla tua maglietta preferita.
Metti che devi... ehm... soffiarti il naso. Pulirsi con la manica è *davvero sconveniente*!

### *3. Burrocacao*

Stop alle labbra secche e screpolate. Quando si screpolano troppo, possono crearsi delle piccole ferite, che sono una vera tortura!

### *4. Una penna e un taccuino*

Ci sono un sacco di cose che ti possono sfuggire dalla mente se non le annoti subito: idee, nomi. E poi metti che ti viene voglia di disegnare…

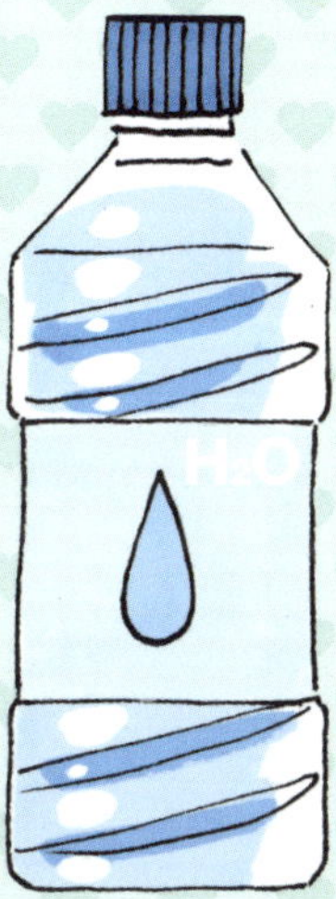

### *5. Acqua*

Avere sete è terribile, ma la soluzione è facile. In più, bere fa benissimo!

### *6. Uno spuntino*

Un frutto, un biscotto integrale o una manciata di **frutta secca**… *Gnam gnam!* In molte avventure gli spuntini di Álex ci hanno evitato di morire di fame.

### *7. Un buon libro*

Perché leggere è *FANTASTICO*. E puoi approfittare dei tempi morti per divertirti e imparare un sacco di cose. Ci sono talmente tanti libri che il problema è avere il tempo di leggerli!

# Cose che una celebrity *(come me)* deve sempre avere a portata di mano

"La vita di una persona famosa come me richiede di essere pronta a ogni evenienza." **Firmato:** *Amanda.* (Se vuoi somigliare ad Amanda accertati di avere tutto quello che c'è in elenco… ma sicuramente non vorrai.)

### *1. Un assistente*

Che si occupi di prenotarmi un tavolo nei migliori ristoranti, mandare i miei vestiti in tintoria, portare il mio gatto **Manicure** dal parrucchiere, rispondere al telefono (centinaia di volte al giorno, uff!). Pensa che incubo vivere senza assistente!

### *2. Fazzoletti*

Metti che fai l'errore di rifiutare l'invito di un milionario… vuoi non scoppiare a piangere? E guarda: può succedere! Per esempio, a me piace giudicare la gente dalle apparenze, così ho preso delle belle cantonate! *Che orrore!*

### *3. Cosmetici, smalto, asciuga-smalto, forcine. E poi unghie, denti e ciglia finti...*

Per poter essere presentabile, a una donna serve un arsenale di prodotti. E più finti sono, meglio è! La natura non è per niente saggia, altrimenti ci avrebbe fatte già truccate e pettinate. Invece... ***che incubo!***

### *4. ANCORA un assistente con penna e taccuino*

Ehi, non è che posso fare tutto io. Qualcuno dovrà pur aiutarmi a prendere nota di tutte le cose che deve fare per me. E la cosa migliore è scriverle, altrimenti c'è il rischio che le dimentichi. Io ho troppe cose per la testa per ricordarle tutte.

### *5. Acqua*

Per dare da bere alle rane (ah ah ah!).

### *6. Una pelliccia di visone molto cara*

Metti che la sera rinfreschi: la temperatura si abbassa e se poi è anche umido... Non vorrete mica raffreddarvi, no?

### *7. Un libro*

***Ah ah ah!*** È uno scherzo, vero? **UN libro?** E per fare cosa? Per tenere ferma una porta che sbatte? Be', sì, in questo caso è utile. Io non leggo mai; per me i libri sono una perdita di tempo... Preferisco vedere un film, se proprio devo.

# Buone maniere canine

Non c'è niente di più fastidioso di sentirsi dire: *«Guardi che non le fa nulla...»* quando un cane si avvicina per annusarti. **Soprattutto se il cagnone in questione è grosso come un cavallo!**

**Consigli per padroni di cani:** ecco le **regole base** per far sì che animali e persone convivano in perfetta armonia. E ve lo dico io, che ho quattro zampe e mi piace abbaiare *(soprattutto quando qualcuno dice «Ma guardi che non le fa nulla...», ah ah ah, volevo dire... bau bau bau!)*.

**Quando esci di casa tieni sempre il tuo cane al guinzaglio.** Non a tutti piacciono i cani. E queste persone vanno rispettate.

**Non uscire mai senza i sacchetti per raccogliere le cacche.** Dicono che pestarle porti fortuna, ma la maggior parte della gente preferisce avere le scarpe pulite.

*Siamo fortunati!* **Ci sono sempre più posti in cui possiamo entrare anche noi.** Però, sui **mezzi pubblici** dove è permesso viaggiare con i cani, restiamo tranquilli accanto ai nostri padroni in modo che nessuno si lamenti. Così saremo sempre i benvenuti! E magari ci porteranno più spesso al ristorante!

**Non abbaiare di notte** è un segno di buona educazione per la gente che ama dormire. Grazie. *Bau!*

# Cose speciali del mio compleanno

Spesso mi chiedono come mi piace festeggiare il mio compleanno. La risposta è facile: con una **SUPERMEGAFESTA**. E poi, ogni anno, scrivo un elenco di cose che voglio fare: cose che voglio migliorare e altre che desidero cambiare. La mamma lo chiama **l'Elenco dei buoni propositi di Zoe (anche se non vengono mantenuti sempre)**. Stavolta però ho intenzione di realizzarli tutti… dal primo all'ultimo!

## *ELENCO DEI BUONI PROPOSITI DI ZOE*
**(che stavolta cercherò di mantenere)**

- ★ *Tenere la camera SEMPRE in ordine.*
- ★ *Non litigare con mio fratello Nic (questo NON so se riesco a farlo. E poi è sempre lui a cominciare!).*
- ★ *Imparare a giocare a scacchi, senza barare quando Marc non guarda.* ☺
- ★ *Mangiare più frutta e verdura e meno patatine fritte e caramelle (ma perchééé?).*
- ★ *Aiutare in casa e fare quello che mi viene chiesto senza protestare (uff, questa sarà durissima).*
- ★ *Parlare una lingua straniera... OUI!*
- ★ *Fare i compiti TUTTI i giorni appena tornata da scuola. Promesso.*
- ★ *Tagliarmi le unghie tutte le settimane (aaah, che orrore!) e lavarmi i denti dopo mangiato.*
- ★ *Imparare il nome di tutti gli uccelli e gli alberi che vedo andando da casa a scuola. Cultura generale!*
- ★ *Andare a fare la doccia di buon grado. E sprecare poca acqua, perché bisogna pensare al pianeta.*
- ★ *Leggere un pochino ogni sera.*
- ★ *Andare a letto presto (e dormire, eh eh eh).*

# L'abc
## *della moda secondo Liseta*
### *dalla A alla Z*

**Per parlare di moda, servono le parole giuste!**

# Dior

Christian Dior è stato uno dei più importanti stilisti di tutti i tempi. Nacque in Francia nel XX secolo e le sue creazioni (e il suo marchio) vivono ancora. Di recente la carica di direttore creativo di Dior è stata assunta per la prima volta da una donna, l'italiana Maria Grazia Chiuri.

# Entre-deux

Pizzo o merletto inserito come elemento decorativo in un capo di abbigliamento o in un accessorio. Si tratta di un tessuto fatto a mano, intrecciando i fili in modo da creare una trama con una bellissima trasparenza. I veli da sposa e molti abiti da sera sono proprio in pizzo. Nei secoli XVIII e XIX pizzi e merletti erano un elemento irrinunciabile dell'abbigliamento femminile. ***Un po' come le sneakers di oggi!***

# Flats

È così che le riviste di moda chiamano le scarpe basse. Quando metti le scarpe di tutti i giorni o i sandali estivi, di' che hai un paio di *flats*. Vedrai che le tue scarpe diventeranno improvvisamente super chic (senza cambiare di una virgola ☺).

# *Tennis:* come funziona il punteggio

**Gioco! Set! Partita!** *Queste parole non ti dicono niente?* Dopo che ti avrò spiegato come si tengono i punti nel tennis, potrai arbitrare a Wimbledon. Parola di Álex. ☺

Cominciamo dai fondamentali. Il tennis si gioca in due (o in quattro, se è una partita di doppio). Vince chi si aggiudica più set, per un totale di 3 o 5 set.

Il punteggio viene sempre annunciato **in base al giocatore che è al servizio**. Se per esempio tu sei al servizio (cioè stai battendo la palla) e hai appena fatto il primo punto, il punteggio sarà 15-0. Verrà dato cioè prima il punteggio di chi batte (in questo caso, il tuo 15) e poi il punteggio dell'altro (cioè 0). Se invece stai battendo, ma il primo punto lo ha fatto il tuo avversario, il punteggio sarà dato al contrario: 0-15.

*I punti si contano in questo modo:*

Il primo punto è uguale a 15.

Il secondo punto è pari a 30.

Il terzo punto è 40 (lo so, a occhio **NON** c'è nessunissima logica nella sequenza dei numeri).

Il quarto punto equivale a vincere il **GIOCO**.

Il primo giocatore che **vince 6 giochi** con uno scarto di almeno 2 sull'avversario è vincitore del *SET*.

Vinci la partita se arrivi a 3 o a 5 set, con una differenza di almeno 2 set sul tuo avversario. Questo vuol dire che sei come Nadal, Federer e Serena Williams... *Complimenti!*

# Le piccole cose...

**Amanda Sigaret** è una *socialite* internazionale: una persona che spende il suo tempo tra eventi mondani, cambi di pettinatura, prove d'abito e trattamenti estetici.
Ha una vita piena di sogni ma *poverissima di contenuti*.
*Per lei le "piccole cose" sono:*

- **Un *piccolo* yacht.**
- **Un *piccolo* castello nel Sud della Francia.**
- **Una *piccola* vacanza sulle spiagge caraibiche.**
- **Un *piccolo* anello con una pietra da 30 carati.**
- **Un *piccolo* elicottero per andare a fare un giretto.**
- **Un *piccolo* attico a NY con vista su Central Park.**

# Tutto sui profumi

Amanda è famosa per l'intensa scia di profumo che lascia sempre dietro di sé.

*Che cosa sai sulle fragranze?*
*Sai cos'è il patchouli? E il muschio bianco? Ohi, ohi, ohi!*

Se non hai la più pallida idea di cosa sto dicendo, niente paura! Ecco per te...

## LA PICCOLA GUIDA DI PROFUMI E FRAGRANZE PER PRINCIPIANTI

La parola *profumo* viene dal latino **"per fumum"**. Il primo aroma con cui gli antichi si "profumavano" era il fumo che si sprigionava bruciando le erbe aromatiche. Quindi diciamo che non erano proprio profumati; erano affumicati!

I profumi si sono evoluti moltissimo nei secoli. Ai tempi dei Sumeri, le fragranze erano soprattutto olii o unguenti estratti da sostanze come la resina o la mirra. Le fragranze moderne vengono preparate a partire dagli aromi di alcuni agrumi come il limone o il mandarino, o di fiori come il gelsomino, la violetta e le rose.

Cinquecento anni fa la gente aveva usi diversi da oggi in fatto di igiene personale, e i re e le persone di corte usavano il profumo, anziché lavarsi! Furono tempi d'oro per l'arte dei profumi...

Grasse, una cittadina del Sud della Francia (dove si coltivavano la lavanda, le rose e il gelsomino), divenne la capitale europea della profumeria.

Tra gli aromi più utilizzati in profumeria ci sono l'olio di cedro, il muschio bianco, il bergamotto, l'Ylang Ylang, la lavanda, la rosa, il patchouli, il sandalo e la vaniglia.

HERPES
PARIS

# Cave canem

## *1. Che cosa significa "menare il can per l'aia"?*

**a.** Portare il cane a fare un *giretto* in campagna.

**b.** Continuare a parlare di un argomento senza arrivare al dunque.

**c.** Picchiare un cane che ha la brutta abitudine di inseguire le galline.

## *2. Quale di questi cani in realtà NON è mai esistito?*

**a.** **Lassie**, una star del cinema famosa (ai tempi) come Justin Bieber o Miley Cyrus.

**b.** **Laika**, una cagnolina lanciata in orbita a bordo di un razzo spaziale.

**c.** **Peppotimus Tse**, il primo cane a salire sull'Everest in bicicletta e scendere in monopattino.

*3. Una di queste razze canine è inventata di sana pianta. Quale?*

**a. Lhasa Apso**. È un cane tibetano con il pelo molto lungo. Bellissimo.

**b. Chi-Chichu**. È un cane molisano con il pelo molto lungo. Bellissimo.

**c. Shih Tzu**. È un (altro) cane tibetano con il pelo molto lungo. Bellissimo.

*4. "Can che abbaia non morde" è un proverbio, una canzone di protesta o il titolo di un film?*

**a. Un film**. C'è un attore tutto muscoli e un cane che morde come un matto (al contrario del titolo).

**b. Una canzone di protesta**: *caaan che abbaiaaa non mooo-or-de... Non mor-de-re più, che il cielo è più bluuu*... Be', più o meno.

**c. Un proverbio**. Vuol dire che chi minaccia in continuazione di fare qualcosa, non rappresenta un vero pericolo (come i cani che abbaiano tanto e poi scappano con la coda tra le gambe).

**Risposte:**
1.b, 2.c, 3.b, 4.c

# MISSIONE GLAMOUR

## *Look da sogno di Matilde*

**Serata di gala del Metropolitan Museum di NY (MET)**
Abito attillato dal taglio a sirena in seta gialla con nuvola di piume.

**Consegna dei premi per i migliori stilisti dell'anno a Parigi**
Abito di mussola color carne di ispirazione greca con cintura metallica.

**Look per andare a un matrimonio**
Completo due pezzi, blu Klein. Top incrociato e pantalone ampio a vita alta.

**Cerimonia di chiusura del Festival del Cinema di Venezia**
Abito lungo in seta stampata. Si tratta di modello vintage dei primi anni '90.

# Crea il tuo chiosco di limonata

## *(se è buona guadagnerai bene!)*

Hai mai pensato di guadagnare qualche soldino per le tue spese? Álex sì. Anzi, ha avuto proprio un colpo di genio: preparare la limonata in casa e venderla. Lo sai? La limonata di Álex era così buona che è finita in un lampo!

Qui ti svela la sua ricetta; sei pronta?

### *Ingredienti per 1 litro di limonata*

- **1 l d'acqua**
- **3 limoni grandi**
- **4 cucchiai di zucchero**
- **Ghiaccio**

Spremi i limoni, versa il succo in una brocca con l'acqua, lo zucchero e il ghiaccio e mescola bene tutti gli ingredienti

### *Che cosa ti serve per creare il tuo chiosco?*

- **2 cassette della frutta (in cartone o in legno)**
- **1 tavola (di legno) o una cassetta della frutta grande (di cartone)**
- **Bicchieri di carta a piacere**
- **La tua brocca di limonata**
- **Un cestino per i soldi (vaaai!)**
- **Un cartoncino e un pennarello**

Appoggia a terra le due cassette della frutta (devi metterle proprio "in piedi") e sistemaci sopra la tavola o la cassetta di cartone, in modo da ricavare un ripiano.
Sistema sopra la tua superficie di appoggio la brocca, i bicchieri di carta impilati e il cestino per i soldi.

Con il pennarello scrivi un cartello per attirare la clientela:

*Buona fortuna!*

**LIMONATA FRESCA FATTA IN CASA**
***20 centesimi* a bicchiere**

# Crêpe con gelato e salsa al cioccolato

## INGREDIENTI

### Per le crêpe:

- 4 uova
- 250 g di farina
- 150 g di burro fuso
- 550 ml di latte
- 100 g di zucchero

Mescola bene tutti gli ingredienti e lascia il composto a riposo in frigorifero per 30 minuti.
Metti sul fuoco una padella antiaderente. Quando è calda, versaci mezzo mestolo di pastella in modo da ricoprire il fondo della pentola in modo uniforme. Quando vedi crearsi delle piccole bolle sulla superficie della *crêpe*, staccala con delicatezza dalla padella e girala dall'altra parte (puoi usare una spatola di legno o di silicone). **Segui lo stesso procedimento per cuocere le altre *crêpe*.**

### Per la salsa al cioccolato:

- 200 g di cioccolato al latte
- Mezzo bicchiere d'acqua

Fai fondere a fuoco medio il cioccolato insieme all'acqua, mescolando con un cucchiaio di legno in modo che non si attacchi. Spegni il fuoco e lascia intiepidire.

### Presentazione del piatto:

Farcisci le crêpe con un po' di salsa al cioccolato e chiudile a mezzaluna. In alternativa piegale in quattro e versa sopra ciascuna un cucchiaio di salsa. Accompagna ogni piatto con una pallina di gelato alla vaniglia.

*Spettacolare!*

# Istruzioni per sopravvivere al campeggio

C'è qualcosa di più bello di dormire con i tuoi amici sotto le stelle, intorno a un fuoco scoppiettante? Per Liseta sì: dormire nel proprio letto con un piumone morbido e una bella maschera nutriente per il viso. Se vuoi passare una notte memorabile in campeggio, segui i consigli di Álex e Liseta.

**Álex:** Non scordarti la tenda e il sacco a pelo. Sono fondamentali, in caso di mosche e formiche!

**Liseta:** Non dimenticare di chiuderti nella tenda e tirare su fino in fondo la cerniera del sacco a pelo. In caso di notte vengano a farti visita le formiche, e di mattina… le mucche.

**Álex:** Non c'è niente di meglio di un tuffo nell'acqua fresca del fiume per cominciare la giornata con un pieno di energia!

**Liseta:** Meglio lavarsi la faccia con l'acqua riscaldata sul fornello da campeggio per iniziare la giornata senza rischiare la vita in un fiume GHIACCIATO.

**Álex:** La tenuta da campeggio che ogni ragazza dovrebbe avere è formata da: scarponi da trekking, calzettoni, pantaloni cargo, camicia con le tasche. Più un berretto per proteggersi dal sole. E anche un maglione… Di notte può fare freddo!

**Liseta:** La *mise* da campeggio che ogni ragazza deve avere è formata da: pantaloni *boyfriend* color cachi, camicia abbinata, foulard mimetico e maxiocchiali da sole.

**Álex:** Non dimenticarti l'apriscatole, il coltellino svizzero, la padella, un bicchiere, un piatto e le tue posate. Senza questi accessori non potrai prepararti da mangiare, e in aperta campagna… niente ristoranti!

**Liseta:** Non dimenticare di portarti una guida dei ristoranti della zona. Se non dovessi farlo, ti toccherà scegliere tra il rimediare mezzo panino della tua amica Álex e il morire di fame.

# Emergenza Amanda...

Amanda sfugge a ogni definizione. Lei crede di essere elegante, istruita e molto avanti, ma la verità è che è frivola, vanitosa e ci mette sempre nei guai. Seguire i suoi consigli significa... fare il contrario di ciò che suggerisce il buon senso.

Meno male che, come riferimento, abbiamo la mamma di Zoe...

*Per Amanda, una ragazza dovrebbe essere più di tutto:*

**Sofisticata:**
cioè sovraccarica, regina dell'oro e del leopardato, meglio ancora se con una pelliccia vera.
Che orrore!

Per Amanda una ragazza deve pensare al proprio futuro...

Cioè deve **GIOCARE ALLA LOTTERIA** o **SPOSARE UN MILIONARIO**.

Per Amanda **una ragazza non deve avere amiche.**

Perché le amiche possono essere più belle, più intelligenti o più divertenti di te.

*Amanda*

*Per la mamma di Zoe bisogna essere:*

**Naturale:**
con uno stile semplice e pulito. Regola d'oro: meno è meglio! La tua personalità risalterà ancor di più se eviti uno stile troppo eccentrico.

Per la mamma di Zoe una ragazza deve **studiare e costruirsi un futuro** senza dover dipendere da nessuno.

Per la mamma di Zoe **avere molte amiche è fantastico!** E più belle, intelligenti e divertenti sono... meglio è!

*mamma di Zoe*

# Le nuvole

## *Guarda le nuvole e prendi l'ombrello (o anche no)*

Le nuvole sono delle forme strabilianti che si formano nel cielo. Sono composte da vapore acqueo o da minuscole particelle di ghiaccio. Per sapere se porteranno la pioggia o meno non devi essere un capo indiano; ti basterà conoscere i trucchetti di Álex.
Ci sono tipi diversi di nuvole: alte, medie e basse.

**1.** Quando vedi delle nuvole alte e bianche, tipo cotone sfilacciato nel cielo azzurro, stai guardando i **CIRRI**. Sappi che il giorno dopo il tempo cambierà (in peggio).

*Il consiglio di Álex:*
prepara stivali di gomma e mantella: ti serviranno!

**2.** Se vedi una formazione di nuvole che assomiglia a una macchia bianca piena di increspature (tipo delle pecorelle che passeggiano in cielo), stai guardando un **CIRROCUMULO**. Tempaccio in arrivo!

*Il consiglio di Álex:*
fuori l'ombrello e gli stivali di gomma… Anzi, se puoi stai a casa! Si avvicina un temporalone.

**3.** Quando vedi una massa di nuvole minacciose tutte grigie, allarme rosso. Sono i **NEMBOSTRATI**. Se li becchi a marzo, annunciano la pioggia. A dicembre invece il pupazzo di neve è assicurato.

*Il consiglio di Álex:*
in primavera, prepara la mantella. D'inverno: guanti, sciarpa, berretto e piumino.

# I segni zodiacali
## (I parte)

### ACQUARIO
*Dal 21 gennaio al 18 febbraio*
**Segno d'aria**

L'Acquario può essere molto estroverso o l'esatto contrario, cioè timido e sensibile, ma è sempre fedele a se stesso. È un segno equilibrato, che ama esprimere la propria opinione dopo aver analizzato l'argomento con attenzione. È molto coerente con ciò che pensa.

### PESCI, *come Zoe*
*Dal 19 febbraio al 20 marzo*
**Segno d'acqua**

Tranquillo e di buon carattere, vive in funzione degli altri. Viene apprezzato per i suoi modi e per l'interesse sincero ai problemi altrui. È un grande sognatore e ha spiccate doti artistiche e creative. *Non a caso, è il segno di Zoe!*

Amanda non prende mai nessuna decisione senza aver prima consultato l'oroscopo, e Marc è un grande studioso delle stelle e delle mappe celesti. *Lo sapevi che Zoe è Pesci, Marc Capricorno, Liseta Leone e Álex Toro? E tu di che segno sei?* Scoprilo qui, in base alla tua data di nascita!

## ♈ ARIETE

*Dal 21 marzo al 20 aprile*

**Segno di fuoco**

Energico e molto positivo, affronta sempre tutto con grandi dosi di entusiasmo. Le avventure, tutto ciò che implica una nuova sfida e una frontiera da attraversare sono le attività preferite dall'Ariete, in cui sarà sempre lui a condurre il gioco.

## ♉ TORO, *come Álex*

*Dal 21 aprile al 21 maggio*

**Segno di terra**

È il segno più pratico, quello con i piedi per terra e una forza di volontà d'acciaio, che lo porta a fare qualunque cosa si proponga. È anche molto equilibrato e fedele; ama vivere nella tranquillità, circondandosi di cose belle. Crede fermamente nella giustizia. *Il padre di Zoe è del segno del Toro.*

# I libri che leggevano tua madre e tua nonna, magari anche la tua bisnonna

## *(e che forse piaceranno anche a te)*

Hai mai curiosato tra i vecchi libri che ci sono in casa o in biblioteca? Una delle regole d'oro è: non giudicare mai un libro dalla copertina. Idem per le persone: mai fermarsi alle apparenze. Entrambi (libri e persone) possono riservarti molte sorprese. Libri che fuori sembrano vecchi o con copertine fuori moda dentro hanno storie meravigliose. E per le persone è lo stesso. ***Impara a non avere pregiudizi!***

## Zoe ti consiglia...

### Matilde

L'autore di questa storia, e di altre storie altrettanto **MERAVIGLIOSE**, è Roald Dahl. La protagonista Matilde ha dei genitori orribili e non sa cosa fare. Lo so, lo so... quando siamo arrabbiati pensiamo tutti di avere dei genitori orribili (a volte), ma in genere sono persone splendide. Nel caso di Matilde, no. Per fortuna lei può contare sull'appoggio di una maestra davvero fantastica. Il resto dovrete scoprirlo leggendo. Vi conquisterà.

### Piccole donne

È un libro scritto più di 100 anni fa da Louise May Alcott. Racconta la storia di quattro sorelle, Meg, Amy, Jo e Beth, e del loro vicino di casa Laurie durante la Guerra di Secessione americana. Ti commuoverà, vedrai! E se non ti piace leggere (ma non credo, perché **IN QUESTO MOMENTO** stai leggendo!), puoi vedere uno dei tanti film che hanno tratto da questo racconto incredibile.

### La storia infinita

È un libro magico, pieno di avventure vissute da un ragazzo come te e me. In certe edizioni l'inchiostro delle pagine cambia colore. L'autore, Michael Ende, ha saputo cogliere l'emozione di ognuno di noi, quando leggiamo un libro che ci piace talmente tanto da desiderare che non finisca mai!

### Heidi

Metti insieme una bambina, suo nonno, i suoi amici Clara e Peter, le caprette e un'istitutrice davvero terribile, la signorina Rottenmeier. Il tutto in una Svizzera da sogno. Ti sarà capitato di sentire chiamare qualcuno Rottenmeier: be', leggendo la storia capirai che non è affatto un complimento.

## *Copia il look di Matilde!*

**Look Gypsy-Chic, perfetto per le vacanze al mare**

Ti servono: un pareo fantasia (da mettere quando lasci la spiaggia), sandali bassi modello schiava, occhiali da sole e una borsa con le frange.

**Look Baby Doll, romantico e arioso**

Mini-abiti con pizzi o volant, tessuti leggeri dai colori delicati, capelli sciolti e nient'altro. È uno degli stili preferiti di Matilde!

## Look Rock-Aristocracy, o come vestirsi quando sei una rock star

Pantaloni in velluto a zampa di elefante, giacche attillate o gilet... molto stile *Rolling Stone*. Accessori indispensabili: un palcoscenico e una chitarra elettrica. *Lunga vita al rock 'n' roll!*

## Look Preppy Cool, il preferito delle studentesse negli States

Polo in tinte pastello, camicie in tessuto Oxford, gonne plissettate e pantaloni beige. Ah! Non dimenticarti la collana di perle, i pullover colorati da portare annodati al collo e i mocassini, rigorosamente bassi.

# ¿Hablas español?

Anche se sembra facile, non ti basterà aggiungere una "s" alla fine di ogni parola per farti capire in Spagna. Forse sai già dire ***paella***, ***tapas*** e ***hola***, ma per cavartela con disinvoltura a Madrid hai bisogno di sapere qualcosa in più. Per esempio, sai come chiedere correttamente le indicazioni per il Museo del Prado?

*Puoi provare così:*

## 1. «¡PRADOOOS!»

(Agitando le mani davanti alla faccia del nostro interlocutore e indicando l'orizzonte.)

**PASSABILE.** Se fai così può succedere che:
**a.** Ti rispondono allo stesso modo. Con le mani e con una parola appena comprensibile, il che non ti sarà d'aiuto: continuerai a non avere idea la benché minima idea di come arrivare.
**b.** Pensano che tu stia scherzando e non ti rispondono, oppure non ti lasciano nemmeno finire di parlare.

## 3. «¿DONDE ES PRADO?»

**ACCETTABILE.** Ti hanno capito, ma francamente la frase non è un capolavoro di grammatica ed espressività della meravigliosa lingua di Cervantes. Ti indicheranno la strada per arrivare al Prado, ma solo a grandi linee, perché daranno per scontato che non puoi capirli. Invece puoi fare di meglio, vero?

## 2. «PERDONE, ¿PARA IR AL MUSEO DEL PRADO, POR FAVOR?»

**RISPOSTA ESATTA!** Hai un'ottima probabilità di raggiungere l'ingresso di una delle pinacoteche più importanti al mondo. E già che ci sei puoi farti anche un selfie!

# I nostri amici animali

## *(questi sconosciuti)*

Solo perché sappiamo che un cane ha quattro zampe e un leone la criniera, crediamo di sapere *TUTTO* degli animali. Be', non è proprio così, e qui te lo dimostro.

### Sapevi che lo squalo...

non ha ossa, solo cartilagini? Ha migliaia di denti, che cambia continuamente nel corso della vita. Può resistere più di un mese senza mangiare *NIENTE*. Le tre specie potenzialmente più pericolose per l'uomo sono lo squalo tigre, il grande squalo bianco e lo squalo zambesi o squalo leuca.

### Sapevi che il formichiere...

può mangiare fino a 30.000 formiche… *AL GIORNO*?! E non le mastica perché non ha denti. Ha invece una lingua vischiosa lunga mezzo metro. E lo sai che ci sono formichieri piccoli come un coniglio e grandi come un rinoceronte?

### Sapevi che l'okapi...

è un lontano parente della giraffa? Hanno infatti in comune le piccole corna sul capo. Le zampe e le striature ricordano invece la zebra. Il corpo, però, è simile a quello del cavallo!

### Sapevi che i suricati...

si riconoscono tra loro per la voce? Adorano vivere in gruppo. Per difendersi dai nemici e per crescere i piccoli possono formare gruppi molto numerosi. *Viva gli amici!*

### Sapevi che i cani della prateria...

si baciano e si abbracciano molto spesso? Ma si abbracciano e si baciano soprattutto quando qualcuno li guarda. Ed emettono un centinaio di suoni, simili a latrati, uno diverso dall'altro.

# Test di stile

## *Giusto o sbagliato?*

Avere stile non è questione di budget, ma è saper scegliere quello che ci sta meglio. Come diceva Coco Chanel, se una è vestita male si nota l'abito, se è vestita in modo impeccabile si nota la donna. QUESTO è avere stile. E tu ce l'hai? Scoprilo subito!

### *1. Hai una festa e non hai NIENTE da metterti...*

**a.** frughi nell'armadio di tua mamma in cerca di abiti vintage e ne trovi uno fantastico. Non somiglia a niente di quello che troveresti nei negozi: lo abbini a un giubbino di jeans e a un paio di stivaletti e vai.

**b.** ti disperi e riesci a convincere tua mamma a comprarti il vestito fotografato su tutte le riviste, quello che tutte vogliono.

**c.** diventi così noiosa che finisci in punizione e ti perdi la festa. *TSK TSK*!

**Risposte:**

**a. GIUSTO.** Hai stile. Non sappiamo ancora se si tratta di buon gusto o di cattivo gusto, ma una cosa è certa: di gusto ne hai.

**b. SBAGLIATO.** Non hai stile, e se segui il gregge senza pensare non ne avrai mai.

**c. SBAGLIATO.** Non hai per niente stile! Sei talmente noiosa da essere punita, ahi ahi!

## 2. Se dovessi scegliere cosa lasciare fuori dalla valigia, sceglieresti:

**a.** un libro, perché pesa, e poi chi è che ha voglia di leggere in vacanza? Puoi sostituirlo invece con due gonne e due pantaloni in più.

**b.** un paio di jeans, tanto non ti servono. Hai già vestitini, camicie, foulard, berretti, top…

**c.** un cappotto pesantissimo che ti porterebbe via spazio per tutto il resto.

**Risposte:**

**a. SBAGLIATO.** Chi ha la testa vuota non può avere stile, perché anche lo stile è un mix di elementi che una testa vuota fa molta fatica a ottenere.

**b. SBAGLIATO.** I jeans sono il capo base per eccellenza. Puoi lasciarli fuori dalla valigia solo se… li stai già indossando.

**c. GIUSTO.** Mai mettere un cappotto in valigia! Indossalo, e approfitta dello spazio per portare altre cose meno voluminose.

## 3. Se dovessi comprarti SOLO un capo, sarebbe:

**a.** un abito di stoffa stampata pieno di volant e fiocchi, molto chic.

**b.** un maglioncino blu di buona qualità.

**c.** una maglietta con brillantini e paillettes colorate.

**Risposte:**

**a. SBAGLIATO.** Più un abito è appariscente, prima passerà di moda. E ti stancherai subito dei volant e della stampa.

**b. GIUSTO.** Un maglioncino blu è per sempre e, se di buona qualità, è ancora meglio.

**c. SBAGLIATO.** Una maglietta così particolare non si può indossare, e tantomeno lavare, molto spesso.

# Regole per prendersi cura del pianeta

Avere cura della Terra è fondamentale. Il nostro pianeta è la nostra casa, ma è anche il luogo in cui vivono piante e animali, e nessuno ha il diritto di creare il caos. Certo, la crescita industriale e l'aumento della popolazione hanno messo la Terra in serio pericolo. Ma tutti possiamo fare delle piccole cose per salvarla. *Anche tu!*

## *Risparmiare l'acqua*

Se ti lavi i denti o i capelli, chiudi il rubinetto finché non dovrai sciacquarli.

Non usare il gabinetto come se fosse il secchio della spazzatura. Tira lo sciacquone solo quando è necessario e installa un dispositivo che permetta di scaricare meno acqua.

Ricicla l'acqua con cui hai lavato i piatti, usandola per innaffiare le piante.

## *Energia*

Spegni le luci che non ti servono. Anche l'inquinamento luminoso è inquinamento.

Spegni tutti gli apparecchi quando non sono in uso (computer, televisori, ecc.). Consumano poco, ma consumano!

In casa, d'inverno, si può stare con il maglione. Tenere il riscaldamento al massimo, oltre a essere costoso, è un inutile spreco di energia.

## *Pulizia e conservazione*

La strada e gli spazi pubblici sono di tutti, e come tali vanno trattati con rispetto.

Non lasciare rifiuti in giro. Riportali a casa e buttali nella spazzatura, separando e riciclando i materiali.

Non maltrattare le piante e tantomeno gli animali.

*Considera il tuo pianeta, e tutto quello che contiene, come se fosse la tua casa. E trattalo bene!*

# Mangiare *(bene)* al ristorante, in casa e da qualsiasi altra parte

Non c'è niente di meglio di uscire a cena ogni tanto. Però bisogna sapersi comportare come si deve! Ecco i suggerimenti di Rose per fare un **FIGURONE**.

Aspetta che ti dicano a quale tavolo sederti.

Ricordati di **lavarti** le mani. Lavarsi le mani prima di mangiare è un'ottima abitudine.

Dopo esserti accomodata, **spiega il tovagliolo** e appoggialo sulle gambe.

Stai seduta con la schiena dritta, le braccia accostate al busto e le mani sul tavolo. Ehi, non appoggiare i gomiti! So che è una scocciatura, ma è la **postura** giusta.

Consulta il **menù** e scegli con cura. Non fare l'errore di mangiare con gli occhi, quindi ordina il giusto: né troppo, né troppo poco.

Chiedi consiglio agli adulti su quello che può andare bene per te.

Quando sei ospite di qualcuno cerca di **non ordinare la pietanza più cara**.

Prima di **cominciare** a mangiare, aspetta che tutti abbiano il loro piatto.

Mastica con la bocca chiusa e **non parlare con la bocca piena.** *È davvero terribile!* **(Non vale riempirsi la bocca di spaghetti e poi coprirsi con la mano, come fa Álex,** *eh eh eh.*)

Prima di bere **pulisciti** la bocca con il tovagliolo, altrimenti il tuo bicchiere si trasformerà in un quadro astratto.

Fai **bocconi piccoli** che taglierai accuratamente con il coltello.

Quando arriva il dolce non leccarti le labbra (anche se muori dalla voglia!).

E cerca di **non lasciare niente** nel piatto.

*Bon appétit!*

# *Abiti per occasioni speciali*

**Ricevimento a Buckingham Palace, Londra**

Elegante tuta in crêpe nera abbinata a una clutch rosa pallido.

**Esibizione ai Grammy Awards di Los Angeles**

Abito con paillettes d'ispirazione *glam* abbinato a stivaletti neri per un look più audace.

**Presentazione della Conferenza Solidale in difesa del Pianeta**

Completo due pezzi verde smeraldo con sandali e bracciale rossi.

**Consegna dei premi "Giovani dell'anno"**

Top bianco molto ampio abbinato a pantaloni neri e bustina a righe.

# 10 modi *(semplici)* per essere sempre a posto

**1.** Sembra ovvio, ma essere **pulita** è la prima cosa. Vuol dire avere le unghie corte, i vestiti in ordine e i capelli ben lavati (anche le orecchie, cara Álex… perché a volte so che te ne dimentichi ☺).

**2.** Con una **maglietta bianca**, **jeans** e **sneakers** non sbagli *MAI*.

**3.** Se vuoi dare un tocco originale, aggiungi una giacca spiritosa o un maglione con un dettaglio colorato. Sono due **accessori perfetti**.

**4.** Finché non avrai l'età di Matilde, **evita la bigiotteria**, cioè collane, bracciali e orecchini troppo vistosi. Sulle ragazze più giovani sono carini i dettagli, come i braccialetti di corda o i ciondoli piccoli.

**5.** Ovviamente, **NIENTE TRUCCO**. *Solo a Carnevale, eh eh eh!*

**6.** Se vuoi vestirti in **modo speciale**, abbina una gonna ampia colorata, o di tulle, a un giubbino di jeans e un paio di sneakers. *Piacerai a tutti!*

**7.** Per i **costumi da bagno** scegli sempre i più semplici, con tessuti che si asciughino bene.

**8.** Quando lasci la **spiaggia** o la **piscina**, metti un vestitino leggero o un paio di shorts sopra al costume. Non si va al ristorante o per strada come se fossi in spiaggia.

**9.** Un berretto di lana tipo *beanie* in inverno e un cappello di paglia d'estate ti daranno un **tocco speciale**.

**10.** Non dimenticare i **guanti**! In inverno, oltre a tenerti calde le mani, danno il tocco finale indispensabile a qualsiasi *outfit*.

# Trucchi di stile:

## *come truccarsi senza sembrare un mascherone*

Matilde dice: il modo migliore per non sembrare un mascherone è… **NON truccarsi**. Se però vuoi conoscere qualche segreto per non sembrare un clown, ecco i consigli di un'"esperta" in materia. Da mettere in pratica per il futuro…

**1.** *Il fondotinta*: dev'essere dello stesso tono della pelle o un po' più chiaro. Stendine una piccola quantità con le dita e poi sfuma molto bene, facendo attenzione a evitare l'**effetto mascherone**!

*Álex dice:* «Attenta a non assomigliare a un **CLOWN**».

**2.** *Una passata di mascara* marrone, non nero, metterà in risalto le tue ciglia senza esagerare. Dopo averlo applicato stendilo con cura, in modo da non lasciare grumi.

*Álex dice:* «Attenta a non piangere, o sembrerai un panda, eh eh eh».

**3.** *Blush*: applica un leggero tocco di blush rosa al centro della guancia con il pennello grosso e… voilà, sarai radiosa!

*Álex dice:* «Se esageri con il pennello, rischi di sembrare una bambola di porcellana. Non sai cos'è una bambola di porcellana? Esagera con il blush e lo scoprirai».

**4.** *Una passata di burrocacao o balsamo per le labbra* per idratarle. Puoi prenderne uno leggermente rosato. Giusto per ammorbidirle e darti un tocco speciale!

*Álex dice:* «Io **ODIO** i rossetti. Non ho altro da dichiarare».

# MONDO a QUATTRO ZAMPE

## Razze feline

### Siamese

Di colore chiaro con la punta delle zampe e le orecchie scure. I gatti siamesi sono molto eleganti e affettuosi, anche se hanno la fama di essere capricciosi. Dal punto di vista storico, erano molto considerati in Tailandia (l'antico Siam, da cui provengono). I sovrani erano seppelliti con un gatto siamese (vivo), e quando il gatto usciva dalla tomba, attraversando un foro praticato nel sepolcro, credevano che l'anima del re fosse salita in cielo. **Curioso, vero?**

### Persiano

Il gatto persiano è un gatto curioso. Ha il muso largo e schiacciato, le orecchie rotondette e un corpo massiccio con zampe tozze. È una meraviglia dal pelo lungo e soffice. Adora mettersi accanto al camino insieme ai suoi padroni piuttosto che uscire a caccia di topi perché è un gran pigrone. **Che ai topi pensino gli altri!**

## Abissino

Originario dell'Etiopia, assomiglia molto al gatto che veneravano gli Egizi e che raffiguravano nella "persona" della dea Bastet. Questo felino dal corpo snello e dagli occhi ovali è molto diffuso negli Stati Uniti, dove ti potrebbe capitare di vederlo a spasso... al guinzaglio!

## Gatto sacro di Birmania

Il gatto sacro di Birmania è una razza molto docile ed elegante. Ha una corporatura massiccia, un pelo sofficissimo e una colorazione più scura sul muso, sulle orecchie, sulle zampe e sulla coda. In Birmania si racconta che i suoi bellissimi occhi azzurri siano stati il "dono" di una dea! **Quel che si dice... un gatto divino!**

## Gatto europeo

È il gatto per eccellenza, almeno dalle nostre parti. Può essere domestico o randagio e può avere il manto di colori e "stili" diversi: tigrato, liscio, a macchie... Sempre attentissimo a ciò che succede nel suo territorio, è un cacciatore nato. Topi, uccellini, insetti, scoiattoli e piccoli roditori sono le sue prede preferite... **In guardia!**

# Lettere e email: *istruzioni per l'uso*

**Comunicare bene è una cosa fondamentale. Ma quando usare una lettera e quando invece un'email?**

*Lettere e biglietti di carta* sono più formali. Prima erano l'unico mezzo di comunicazione scritto, ma da quando esiste la posta elettronica le lettere sono in via di estinzione. Una variante ancora in voga è il *biglietto di ringraziamento*. In inglese si chiama *thank you note*, e in francese *lettre de château*. È una forma di ringraziamento che si spedisce dopo essere stati ospiti di qualcuno.

Quando vuoi ringraziare qualcuno in modo bello e stiloso, puoi usare un biglietto (puoi personalizzarlo ritagliando un cartoncino colorato, oppure incollando dei fiori o mettendoci qualsiasi altra decorazione ti passi per la mente). Poi scrivi quello che desideri in brutta copia, e quando il testo ti soddisfa, copialo sul biglietto usando una penna. Aggiungi la tua firma e qualche disegnino usando una penna colorata o un pennarello.

La **posta elettronica**, o *email*, è più pratica e si usa un sacco per lavoro. Perfetta se vuoi sistemare qualcosa alla svelta, come chiarire un dubbio o fare una richiesta. Ricordati sempre di scrivere l'argomento nell'intestazione, dove c'è scritto "Oggetto". Così, chi riceve la mail saprà già di che cosa si tratta.

*Configura la tua casella* di posta elettronica in modo che appaiano il tuo nome e il tuo cognome. Se chi riceve la mail non sa chi è il mittente, potrebbe non aprirla, lasciandoti senza risposta.

Ormai riceviamo tutti tantissime mail, quindi meglio essere sintetici.

*Altre regole d'oro:*

*Non inoltrare mai una mail con tutti gli indirizzi in chiaro*, a meno che non si tratti di amici o che ai destinatari serva sapere chi sono gli altri in copia.

*Non scrivere in maiuscolo.* Secondo le regole della rete equivale a urlare, e come sai urlare è piuttosto maleducato.

# L'abc della moda secondo Liseta dalla A alla Z

**Per parlare di moda, servono le parole giuste!**

## Guanti

Qualche secolo fa una signora non poteva uscire di casa senza guanti. Oggi in genere li tiriamo fuori quando le temperature sono sottozero. Però i guanti sono un accessorio capace di dare quel tocco in più a molti outfit. Guanti lunghi da femme fatale, oppure corti e vivaci… ***Matilde li sfoggia come nessun'altra!***

Il guanto da sera più famoso della storia del cinema è quello che indossa Rita Hayworth in un famoso film in bianco e nero, che si intitola *Gilda.*

# Hai le spalline?

La silhouette ideale degli anni Quaranta del Novecento imponeva spalle larghe e vita stretta. Per avere quell'effetto, nelle giacche venivano incorporate le spalline, due imbottiture sulle spalle che davano parecchio volume.

Negli anni Ottanta le spalline sono tornate di moda, e poi di nuovo abbandonate. Le mode, però, tornano sempre.
*Porteremo di nuovo le spalline? Certo che sì!*

# Impermeabile

Per difendersi dalla pioggia non c'è niente di meglio di un impermeabile. Un modello intramontabile è la cerata gialla con il cappuccio. Abbinato agli stivali di gomma, è la divisa ufficiale per affrontare il maltempo e sguazzare nelle pozzanghere.

# Copia il mio superlook!

Una donna di mondo come Amanda ha una missione molto delicata: essere sempre perfetta. Il punto però è capire cosa significa **"essere perfetta"** per Amanda e cosa significa "essere perfetti" per gli altri...

*Il mio look perfetto lo creo con:*

- Uno strato molto spesso di *trucco*, ciglia finte misura **XXL** e un etto di blush.
- *Capelli* biondi ultra-cotonati, tinti e gonfi. Per i giorni in cui il mio parrucchiere arriva tardi ho una soluzione d'emergenza: una parrucca.
- *Unghie* rosse e ben affilate, in caso debba difendermi, *eh eh eh.*

- Un completo di *alta moda*. Meglio ancora in versione **animalier** e leopardata.
- Una *borsa* (firmata, è ovvio) per portarmi dietro due o tre cellulari, e poi carte di credito in abbondanza, un flacone da un litro del mio profumo e altri cosmetici assortiti, per sicurezza... *Non sai mai chi potresti incontrare!*
- Scarpe. Con il *tacco*... altissimo. E sottilissimo (in caso lo debba usare come arma di offesa, *eh eh eh*).
- *Manicure*, il mio gatto. Fondamentale portarlo ben strizzato sotto il braccio perché non si muova. *È così cattivo con gli altri... Lo adorooo!!!*

♂

# Ragazzi: istruzioni per l'uso

Non è facile essere l'unico ragazzo di una banda tutta al femminile. Alle ragazze, i ragazzi possono sembrare misteriosi e incomprensibili, ma non c'è niente di più semplice.

Be', non siamo poi così diversi. *E bisogna uscire dagli stereotipi!* È vero che ci piace lo sport, ma lo sport piace anche alle ragazze. In più, molti ragazzi sono ordinati e molte ragazze non lo sono. Ci sono ragazze che adorano la Formula 1 e ragazzi che vanno matti per la cucina. Certo, siamo maschi e femmine, ma per il resto siamo uguali. Al tempo stesso siamo anche diversi, ciascuno con la propria personalità. Ora vi svelo qualche segreto sui ragazzi, in modo che vi rendiate conto che anche noi possiamo essere i vostri migliori amici.

Siamo divertenti. Con noi non ti annoierai mai.

Non abbiamo niente contro il colore rosa. E voi, non avete niente contro l'azzurro, *giusto?*

Siamo più diretti delle ragazze. Quando diciamo qualcosa, vogliamo dire proprio quello. E se ci comportiamo in un certo modo, non cercate spiegazioni nascoste. Di solito è esattamente come sembra.

Non trattateci in modo sgarbato e non ridete di noi. Anche se a volte facciamo i duri, siamo sensibili!

Se uno di noi ti fa battere il cuore, comportati con naturalezza. Sii te stessa, è il modo migliore per entrare in sintonia con chi ti piace.

# La festa del 6 gennaio: w i Re Magi!

*Lo sapevi che...*

**In Spagna,** le vacanze di Natale durano fino a dopo il 6 gennaio (in spagnolo è la festa dei Re Magi, *los Reyes Magos*). Álex dice che è per permettere ai bambini di giocare con i giocattoli che hanno ricevuto quella notte… In ogni caso, i tre re arrivano sui loro cammelli e distribuiscono i regali aiutati da alcuni paggi.

**In Italia,** il 6 gennaio si festeggia la Befana, che riempie le calze dei bambini di caramelle e cioccolata se sono stati buoni, di carbone se sono stati cattivi.

**In Francia,** il 6 gennaio l'arrivo dei Re Magi si festeggia con un'usanza molto curiosa, un dolce di pasta sfoglia (chiamato la "galette des Rois"), all'interno del quale viene nascosta una fava. Chi trova la fava nella propria fetta, viene festeggiato come il re o la regina della festa, indossando per tutta la giornata una corona di carta.

# Date speciali: *il 6 gennaio*

Oltre al fatto che le vacanze stanno per finire, *quante cose sai di questa festa?*

### *1. Con quale altra parola puoi chiamare la festa del 6 gennaio?*

**a.** Epifania. Che significa "manifestazione" o "apparizione" della divinità

**b.** Dinastia. In onore della famiglia reale dei Magi

**c.** Trilogia. I Re Magi in effetti sono proprio tre

### *2. C'è un proverbio abbinato alla festa del 6 gennaio. Lo conosci?*

**a.** "Ora arrivano i Re Magi, nelle stelle hanno presagi"

**b.** "L'Epifania tutte le feste si porta via"

**c.** "C'è la neve il 6 gennaio? Or ti aspetta un grosso guaio!"

### *3. La parola gennaio viene:*

**a.** Dal latino Januarius, il mese dedicato a Giano, il dio con due facce, una rivolta al passato (l'anno vecchio) e l'altra al futuro (l'anno nuovo)

**b.** *Ma va!* Viene da "genesi", perché dà origine al nuovo anno

**c.** Da nessuno dei due. Viene da *non generalizzare*… che è meglio!

### *4. I Re Magi erano tre, venivano dall'Oriente portando oro, incenso e mirra, e si chiamavano:*

**a.** Melchiorre, Gaspare e Baldassarre

**b.** Melchiorri, Gomez e Dybala

**c.** Taylor, Justin e Timberlake

**Risposte:**
1. a, 2. b, 3. a, 4. a

# Donne che hanno cambiato la storia

Cleopatra

È stata la regina d'Egitto più famosa di tutti i tempi, celebre per bellezza, cultura e influenza politica. Il tutto pochi anni prima della nascita di Cristo. Un'infinità di libri, film e persino opere raccontano della sua storia d'amore con il generale romano Marco Antonio, con cui si sposò ed ebbe tre figli.

**Lo sapevi che**

***Cleopatra preferì farsi mordere da un serpente piuttosto che perdere il proprio regno ed essere venduta come schiava?***

Budicca

Qualche anno dopo, un'altra regina divenne una delle donne più potenti dell'epoca. Si ribellò ai Romani e guidò le truppe che vivevano nel territorio dell'attuale Inghilterra.

**Lo sapevi che**

***su di lei sono stati scritti poemi e molte altre opere, nonostante la sua figura sia stata praticamente dimenticata per secoli?***

Conosciuta anche come Isabella la Cattolica, visse tra il XV e il XVI secolo. Fu la regina che "sponsorizzò" la spedizione di Cristoforo Colombo, un marinaio genovese che cercava una rotta più breve per le Indie. Colombo non arrivò alle Indie ma trovò un continente nuovo: l'America.

**Lo sapevi che**

***Isabella fu promessa in sposa a suo marito, il re Ferdinando di Aragona, quando aveva tre anni?***

La sua celebrità non deriva da imprese eroiche sul campo di battaglia, ma dal suo matrimonio, a quattordici anni, con il futuro re di Francia. Entrambi vissero una vita di lussi ed eccessi in un'epoca in cui la maggioranza della popolazione non aveva quasi da mangiare.
La Rivoluzione Francese portò Maria Antonietta e la sua famiglia alla ghigliottina.

**Lo sapevi che**

***quando la informarono che il popolo non aveva pane da mangiare, la regina disse: «Che mangino brioche!». La leggenda dice così, ma gli storici sostengono che non sia vero.***

# Cose da fare in caso di piccoli incidenti

Per quanto ci sforziamo di essere prudenti, dei piccoli incidenti possono sempre capitare. In casi come questi, la prima cosa è non agitarsi e, anzi, mantenere i nervi saldi. Ecco qui una piccola guida per piccoli imprevisti. Per quelli più grossi è ancora più importante restare calmi e richiedere l'intervento di personale qualificato. Sicuramente ti è capitato di sentire in qualche film la frase «*C'è un medico in sala?*». Be', ci sono momenti in cui bisogna dirla davvero. Per chiamare un medico, o un'ambulanza, o un adulto che possa farsi carico di quel problema.

Tieni a portata di mano un **elenco dei numeri di emergenza:** ambulanze, ospedali, pompieri, ecc. La cosa migliore è appenderlo in un posto che sia ben visibile, come in cucina o vicino al telefono. Ancora meglio: puoi memorizzare i numeri nel cellulare in modo da averli sempre con te.

**Ricordati però che esiste un solo numero che li vale tutti:**

*NUMERO UNICO DI EMERGENZA: 112*

**P.A.S.** Parola composta da tre lettere: **P, A, S.** Ricordala!

**PROTEGGERE:** Se l'incidente si è verificato in un luogo pericoloso, cerca di mettere al sicuro il ferito, o le altre persone che possono essere coinvolte. Questo vuol dire riparare te e gli altri dal fumo, dalle fiamme, da scariche elettriche, ecc.

**AVVERTIRE:** Avvisa i servizi di soccorso. In pratica, **CHIAMA IL 112**. Ricordati che è una cosa seria; i soccorritori sono al lavoro per aiutarti e la tua chiamata potrebbe portare via del tempo ad altri che magari hanno più bisogno d'aiuto. Quindi dai le informazioni con calma e in maniera sintetica.

Ti domanderanno come ti chiami, dove sei, che cosa è successo... Rispondi senza agitarti e parla in modo chiaro. In attesa dei soccorsi, può essere che tu riceva delle indicazioni sul da farsi.

**SOCCORRERE:** Fai soltanto quello che ti hanno detto di fare o quello che sei assolutamente sicura di poter fare. Sempre che tu abbia delle nozioni di primo soccorso. Altrimenti aspetta che arrivino i rinforzi!

# Istruzioni per l'uso del cellulare

*(Per quando ne avrai uno! Per ora non c'è fretta)*

Se hai per le mani un cellulare, è bene che tu sappia alcune cose.

- **Il cellulare non è un giocattolo,** ma un dispositivo elettronico che serve per comunicare (va gestito con cura e attenzione).
- **Non usarlo mai per fare acquisti su siti non protetti e non rispondere a messaggi di sconosciuti.**
- **Non aprire link** e non installare programmi o app senza dirlo ai tuoi genitori.
- **Non portarlo a scuola** e non usarlo in classe.
- **Non usarlo nemmeno in mensa** ed evita di stare appiccicata al telefono anziché ascoltare le persone che hai di fronte. *È davvero maleducato!*

- **Non usare il cellulare per mandare i tuoi dati** (nome, cognome, indirizzo e foto) a persone che non conosci.
- Se metti una **password**, devi conoscerla solo tu con un'unica eccezione: i tuoi genitori. Se te la chiedono, è sempre per un buon motivo!
- Usalo **SOLO** quando devi (vietato tenerlo acceso di notte).

# Geni della (fanta)scienza

## Loro l'hanno visto prima che diventasse realtà

Molti scrittori (e inventori) hanno immaginato un futuro in cui il progresso ci avrebbe facilitato le cose un bel po'. Quello che non potevano sapere era che, dopo anni (se non addirittura secoli), il frutto della loro immaginazione sarebbe diventato realtà. Che ne dici? Saremo in grado, un giorno, di teletrasportarci? O di viaggiare nel tempo? Occhio, perché quello che oggi ti sembra impossibile domani può diventare realtà.

### Viaggi spaziali

Lo scrittore francese **Jules Verne**, in *Dalla terra alla luna*, portò i suoi personaggi sulla Luna a bordo di una navicella spaziale, in anticipo di quasi cento anni sulla realtà. Ma non è tutto. La maggior parte dei suoi romanzi contiene elementi futuribili che oggi troviamo perfettamente normali. I suoi libri sono geniali. *Davvero!*

### Hedy Lamarr

Fu una delle attrici più belle e famose della storia, ma anche una **grande inventrice**. Fin da piccola aveva un'intelligenza superiore alla media. Nata in Austria, emigrò negli Stati Uniti, dove cedette al governo il brevetto su cui si basano il *Wi-Fi* e il Bluetooth.

### I giornali digitali

Nel romanzo *2001: Odissea nello spazio*, dello scrittore **Arthur C. Clarke**, si potevano leggere delle riviste senza girare le solite pagine di carta. Da questo libro è stato tratto un film famosissimo, diretto da Stanley Kubrick.

# Le piante e gli animali intorno a noi (parte 2)

## Volpe

Questo mammifero vive tra i cinque e i dieci anni, e ha una fama terribile dovuta alla sua passione per i pollai, dove in effetti semina il panico. Ma una volpe deve pur seguire il suo istinto, no?
Forse non lo sapete, ma in spagnolo la volpe si chiama *zorro*. Come quel famosissimo spadaccino mascherato (sì, quello che si firma con la Z!).

## Cinghiale

Ebbene sì, i cinghiali vivono molto vicino a te. Più di quanto pensi. In alcune zone di campagna, si avvicinano di notte alle case, per cercare cibo tra i rifiuti. E attenzione, perché un maschio grande può pesare più di 150 chili. Imparentati con i maiali, i cinghiali hanno il pelo ispido e scuro. I cuccioli si chiamano cinghialetti, e quando sono piccoli piccoli hanno il manto striato.

## Pino marittimo

Questo albero meraviglioso coperto di aghi ci regala ombra e… pinoli. E contribuisce ad abbellire il paesaggio, il che non guasta. Nei Paesi mediterranei il pino marittimo è molto diffuso, e la più grande minaccia che deve affrontare è rappresentata della processionaria, cioè una serie di bruchi che scendono in fila lungo i tronchi. Un albero infestato si riconosce dalla presenza di un nido sui rami, molto simile a una nuvola di zucchero filato: *attenzione!*

## Mandorlo

Quando fiorisce, alla fine di febbraio, è un vero spettacolo. Il mandorlo, con i suoi fiori delicati che ricoprono interamente i rami, è un albero che puoi vedere in giro con facilità. Il suo frutto è la mandorla, che oltre a essere buonissima, ha molti usi: in cucina, in cosmetica e come olio essenziale. La bellezza del mandorlo è stata celebrata già dagli antichi Greci.

# HALLOWEEN o Carnevale?

Adoro travestirmi, e Carnevale e Halloween sono due feste che mi piacciono da morire. *Sai quali differenze ci sono tra l'una e l'altra?*

**Il Carnevale** ha inizio dopo l'Epifania e si conclude con il martedì grasso, un giorno prima del mercoledì delle Ceneri. È una tradizione antichissima, la cui origine risale addirittura ai Sumeri (parliamo di 5000 anni fa), ma anche ai Romani con i Saturnali e con le feste pagane in onore del dio Bacco.

Il Carnevale più famoso è quello di Rio de Janeiro, in Brasile, con tanto di travestimenti, sfilate e concorsi di samba. È una festa enorme e spettacolare!

Ma il Carnevale si festeggia con grande entusiasmo anche a Basilea e Venezia, dove le maschere sono protagoniste. Un tempo, i giorni del Carnevale erano l'occasione per combinarne di tutti i colori senza essere scoperti, grazie alle maschere che nascondevano il viso.

**Halloween** si festeggia il 31 ottobre ed è una festa nata nei paesi anglosassoni (Stati Uniti, Regno Unito, Canada…). Il nome viene dalla contrazione di *All Hallows Eve*, che sarebbe la vigilia di Ognissanti (1° novembre).
I colori sono l'arancione, il nero e il viola; il tema sono le streghe e le zucche scavate con un'espressione buffa o spaventosa (in inglese si chiamano "Jack-o'-lantern"). Una volta travestiti, i bambini vanno di casa in casa a fare "dolcetto o scherzetto". Gli adulti rispondono regalando loro dolci e caramelle.

Proprio come per il Carnevale, le feste di Halloween e di Ognissanti hanno una storia molto antica; nel caso di Halloween l'origine ci riporta ai Celti, che poi la passarono ai Romani e infine alle culture cristiane.

# Come organizzare una festa di compleanno

Non si compiono gli anni tutti i giorni, per questo è sempre bello festeggiare. Zoe ti dà un po' di spunti per organizzare la tua megafesta. *Super facile!*

Fai un elenco degli invitati. Né troppi né troppo pochi. Segna le persone con cui vorresti condividere una data così speciale.

Scegli un tema per la tua festa: la primavera, il mare, le esplorazioni nella giungla… Poi su questo tema costruirai tutto il resto.

## Comincia dalle decorazioni

Con un po' di anticipo comincia a mettere via i vasetti di vetro di yogurt dopo averli lavati: potranno diventare dei piccoli contenitori per abbellire la tavola. Puoi metterci dei fiori di campo, ma anche sabbia o conchiglie. Dipende dal tema della festa.

Controlla bene in casa: potresti trovare degli oggetti interessanti. Le piante verdi potranno trasformare la stanza in cui si terrà la festa in una giungla, e un pareo indiano potrà fare da tovaglia.

Poi pensa al menù. Non c'è bisogno che ci siano tante cose; i tuoi amici vengono per stare con te e festeggiare il tuo compleanno, non per mangiare! Ma se scegli qualcosa di veramente delizioso, tanto meglio.

## Il menù

Procurati degli stecchini di legno e prepara degli spiedini con pezzetti di frutta, marshmallow e tutto ciò che di "infilzabile" ti venga in mente. I tuoi amici li adoreranno!

Con una fonduta di cioccolato non sbagli mai. Non sai che cos'è?! Vola a pagina 196 e scopri come si fa a prepararla.

E poi, naturalmente, una **torta con le candeline**. Indispensabile. Però chi l'ha detto che debba essere la solita torta? Sbizzarrisciti con una base tonda di pan di Spagna e poi gelatine colorate, Smarties, frutta…

***E chi più ne ha, più ne metta!***

# Acconciature con i capelli lunghi

## Treccia alla francese

Comincia con tre ciocche, e a mano a mano che scendi, continua ad aggiungerne di nuove fino ad arrivare alla base della nuca. Il risultato è *spettacolare*!

## Capelli raccolti in stile greco-romano

Fai due trecce sottili lungo le tempie raccogliendo i capelli all'indietro e termina con uno chignon basso. Puoi rifinire l'acconciatura con una fascia o un nastro sulla fronte.

## Capelli Colazione da Tiffany

La più sofisticata delle acconciature raccolte. Cotona la parte superiore della testa e pettina i capelli all'indietro. Poi tira tutti i capelli da un lato e fissali dietro la testa con delle mollettine, quindi arrotolali su se stessi e fissa il tutto con le forcine. Se hai anche una frangia corta, starai da favola!

## Coda di cavallo chic

Dai volume ai capelli nella parte superiore della testa, tirali indietro e fermali con un elastico. I capelli devono rimanere morbidi sopra e ben tirati ai lati. Pettina bene la coda in modo da darle morbidezza ed eleganza.

...e
...HEF

# Frullato tropicale multicolore

*Dolcissimooo!*

*Mmm!* Ci sono modi così squisiti per mangiare (e bere) la frutta, che non riuscirai più a farne a meno. Pronta a saccheggiare il cestino della frutta? Se non trovi uno di questi ingredienti, niente panico. Puoi sostituirlo con un altro dello stesso colore. Il risultato sarà fantastico! E molto sano (come direbbe la mamma!).
Ti servono:

- **Un frutto giallo (un mango, una banana o una manciata di albicocche mature)**
- **Dei frutti rossi (una manciata di fragole o lamponi)**
- **Della frutta verde (un kiwi o un paio di pere)**
- **Uno yogurt bianco al naturale**
- **Una cucchiaiata di zucchero o miele**
- **Ghiaccio**
- **Una cannuccia**

Frulla la frutta gialla con metà dello yogurt e metà dello zucchero o del miele e travasa il frullato in un bicchiere alto di vetro. Lava il bicchiere del frullatore e frulla i frutti rossi con l'altra metà dello yogurt. Travasa nel bicchiere, sopra al composto giallo. Frulla la frutta verde (con lo zucchero o il miele che rimangono) insieme al ghiaccio fino a formare una specie di granita e poi versa il composto sopra gli altri due.
Prendi la cannuccia e, se ce l'hai, un ombrellino di carta.

*Capolavoro per gli occhi e per la gola!*

# CHE TIPO DI AMICA SEI?

**Le amiche sono la cosa più bella del mondo!**
E più ne hai, meglio è. Tutte vorremmo essere delle buone amiche, ma lo siamo sempre? Scopri che tipo di amica sei rispondendo alle domande di questo semplice test (non barare, *eh*!).

### *1. Un'amica ti invita a passare il pomeriggio con lei. Rispondi di sì, ma poi ti chiama un'altra amica che ti propone un programma più divertente. Che cosa fai?*

**A.** Dici alla prima che il tuo cane ha preso 20 zecche e tu devi restare a casa a toglierglielе tutte. Poi esci con l'altra amica e ti diverti come una matta. *Yeah!*

**B.** Dici alla seconda amica che non puoi: hai già un altro impegno. Volentieri ci andrai un'altra volta!

**C.** Parli con la seconda amica e le proponi di invitare anche la prima. Così uscite tutte e tre insieme e vi divertite *da matte*!

### *2. Stai cercando il regalo di compleanno per la tua migliore amica e...*

**A.** Prendi la prima cosa che ti capita a tiro perché ti eri dimenticata del suo compleanno e non hai più tempo perché i negozi sono in chiusura.

**B.** Ti orienti su quello che ti piacerebbe se il regalo fosse per te.

**C.** Pensi a quello che piacerebbe a lei (e ti sei anche informata per scoprirlo).

### *3. La tua amica ha una verifica e deve studiare. Tu...*

**A.** Le spieghi come copiare senza essere scoperta, *eh eh eh.*

**B.** Le mandi i tuoi appunti via email.

**C.** Vai da lei per studiare insieme e le spieghi quello che non ha capito.

**Risposte:**
**Tutte A: Sei un'amica pestifera.** Da evitare... come la peste.
**Tutte B: Sei un'amica sincera.** L'amica di una vita.
**Tutte C: Sei un'amica TOP.** *Unica al mondo!*

# Vere principesse

In uno dei libri preferiti di Liseta, *La piccola principessa* di Frances Hodgson Burnett, c'è una frase che lei adora: *"Tutte le bambine sono principesse"*. Liseta non potrebbe essere più d'accordo. Non ha la corona, ma si sente una principessa da sempre. Ma lo sai che esistono principesse come quelle delle favole, che però sono vere come te e me?

## Leonor e Sofía di Spagna

Leonor è la Principessa delle Asturie e l'erede al trono di Spagna. Sua sorella Sofía è l'Infanta di Spagna. Vanno a scuola come tutte le bambine, festeggiano il compleanno come tutti, ma oltre ai vantaggi principeschi di cui godono hanno anche degli obblighi, come posare per le foto ufficiali e assistere a cerimonie lunghe e a volte anche noiose. E devono anche imparare l'inglese, il francese e… il cinese mandarino.

## Estelle di Svezia

Estelle Silvia Ewa Mary, principessa di Svezia e duchessa di Östergötland, sarà l'erede al trono svedese quando sua madre, la principessa Vittoria di Svezia, succederà al padre, re Carlo Gustavo. Nel frattempo, gioca con suo fratello Oscar (più piccolo di lei) e probabilmente lo trova un rompiscatole esattamente come capita a me con Nic.

La sua famiglia appartiene al casato di Bernadotte, che fu un maresciallo di Napoleone scelto come erede al trono svedese.

## Alexandra di Hannover

È una principessa tedesca per parte di padre e monegasca (cioè del Principato di Monaco) per parte di madre. È appassionatissima di pattinaggio artistico, tanto da aver partecipato anche a qualche gara. È una delle principesse più giovani.

## Aiko del Giappone

È l'unica figlia dei principi Masako e Naruhito, eredi del trono imperiale del Giappone, il più antico al mondo con migliaia di anni di storia. È una ragazzina riservata e tranquilla. Adora giocare a tennis ed è una grandissima appassionata di libri e film.

# Donne che hanno cambiato la storia

Figlia di un filosofo, Ipazia visse nell'antica Alessandria d'Egitto 15 secoli fa e fu la prima donna scienziata della storia: matematica, filosofa e astronoma, cioè studiosa degli astri e dei cieli. Visse in modo semplice e nella sua scuola insegnò a uomini che poi andarono a occupare posizioni importanti nella vita pubblica. Ipazia morì assassinata da una folla esaltata, in circostanze tuttora non chiare.

Il padre morì quando era piccola, e lei dovette lasciare gli studi e mettersi a lavorare. Qualche tempo dopo si iscrisse a Legge e fu una delle prime donne avvocato. In Spagna, suo paese di origine, si dedicò alla politica e al suffragio femminile, il movimento che chiedeva che il diritto di voto fosse esteso alle donne. Sì, se oggi possiamo votare lo dobbiamo a molte donne, e Clara Campoamor è tra queste.

Nata povera, in Guatemala, ha difeso le popolazioni indigene e le minoranze ed è stata una grandissima pacifista. È la prima indigena ad aver ricevuto il Premio Nobel per la Pace per il suo impegno a favore della giustizia sociale.

Malala è la donna più giovane ad aver ricevuto il Premio Nobel per la Pace, a 14 anni, per la sua lotta a favore del diritto all'istruzione, soprattutto delle bambine. Viveva nel Nord del Pakistan, dove i talebani avevano proibito alle bambine di andare a scuola. A undici anni, Malala ha cominciato a scrivere un blog sotto falso nome, in cui raccontava la sua vita. Qualche tempo dopo un gruppo di fanatici ha cercato di ucciderla, e la comunità mondiale si è schierata dalla sua parte, offrendole difesa e sostegno. Ora Malala studia all'università.

# Hello!

## *Cellulare (ultimo modello)*

Fino a poco tempo fa (meno di quanto immagini), i cellulari **NON** esistevano. Ti sembra impossibile? Invece è così. Una ragazza restava a casa accanto al telefono, in attesa che la chiamasse la propria migliore amica, il ragazzo che le piaceva o una zia che abitava lontano per farle gli auguri.

E il telefono non si poteva portare da una stanza all'altra. Era attaccato alla parete tramite un **FILO**. Te lo immagini? Se volevi avere una conversazione più o meno **PRIVATA** non facevi che srotolare metri e metri di filo, praticamente fino a sradicarlo dal muro.

Quando i primi cellulari cominciarono ad avere un prezzo quasi abbordabile, per portarli in giro bisognava usare una **VALIGETTA**. Pazzesco, no? Una valigetta con il telefono dentro. Comodo comodo **NON** era.

La generazione successiva di cellulari non aveva più la valigetta, ma un'antenna lunga come quella della torre Eiffel. Erano talmente grossi che molti li chiamavano *mattoni, eh eh eh*.

E poi la cosa peggiore di tutte: siccome avere il telefonino a quei tempi faceva molto **FICO**, alcuni ne avevano uno finto e ci parlavano come se fosse vero. Tutto per vantarsi in presenza degli altri. *Questa è davvero forte. Troppo.*

# LOOK CHE HANNO FATTO STORIA

## *Madonna*

(1983)

Non è solo una cantante. È la cantante che ha venduto più dischi **NELLA STORIA**. Più di 300 milioni di copie (quando non esisteva la musica *online*).

E con i suoi look fa tendenza da più di trent'anni. È stata lei la prima a mixare lingerie e corpetti con le giacche di pelle. E a portare stivaletti stile biker con la gonna. E a truccarsi bocca e occhi di scuro… Sono cose che oggi ci sembrano normali ma che allora erano proprio… *AVANTI!*

# Sveglia *l'ARTISTA* che c'è in te

Forse c'è un'artista dentro di te e non lo sai. Scopri come fare in modo che l'Arte, con la A maiuscola, diventi una parte di te.

* Tieni **sempre** gli occhi ben aperti. *Hai guardato bene i colori di quello che ti circonda?* L'azzurro del cielo, il verde dell'erba... Sappi che il paesaggio ispirò i pittori **IMPRESSIONISTI**, e oggi può ispirare anche te.

* Le facce sono il paesaggio più bello che esista. Giovani, mature, di etnie diverse... **Il RITRATTO** è antico come gli artisti che hanno provato a catturare l'anima dei personaggi e a trasferirla su una tela.

* Ascolta i suoni della natura. La musica per strada. Il canto degli uccelli dopo la pioggia. Tutti questi **SUONI** possono essere un'ispirazione **MUSICALE**. *Non farteli scappare!*

* *E gli odori? Qual è il tuo profumo preferito?* I biscotti appena sfornati? O l'erba tagliata di fresco... O magari quello del mare. **L'OLFATTO** è lo strumento di lavoro degli **ARTISTI DEL PROFUMO**, che vengono chiamati anche **NASI**. Perché lavorano proprio con quello: il naso.

# TRUCCHI PER DECORARE CAMERA TUA

## *USA il COLORE (senza paura!)*

**Ti piace dipingere?**

Allora colora le pareti della tua camera. Malva, verde lime, celeste, giallo canarino o rosa confetto.

## *OSA*

Fruga tra le cianfrusaglie e tra le cose che vorresti buttare. Potresti trovare dei tesori che daranno grande stile alla tua camera. Questo si chiama **RICICLARE**!

## *TAGLIA E INCOLLA*

Le riviste e i giornali vecchi sono sempre utili. Ritaglia delle foto e raggruppale per tema o colore. E incollale sulle ante dell'armadio o su un cartellone appeso alla parete (prima però chiedi il permesso, mi raccomando!), formando un **COLLAGE**.
*Vedrai che roba!*

## *Fai delle COMPOSIZIONI*

Con i peluche, i libri, le boccette di profumo o qualunque altro oggetto di cui possiedi tanti pezzi. Uno solo non dice nulla, ma **SE LI RAGGRUPPI** li valorizzerai.

# L'abc
## *della moda secondo Liseta*
## *dalla A alla Z*

**Per parlare di moda, servono le parole giuste!**

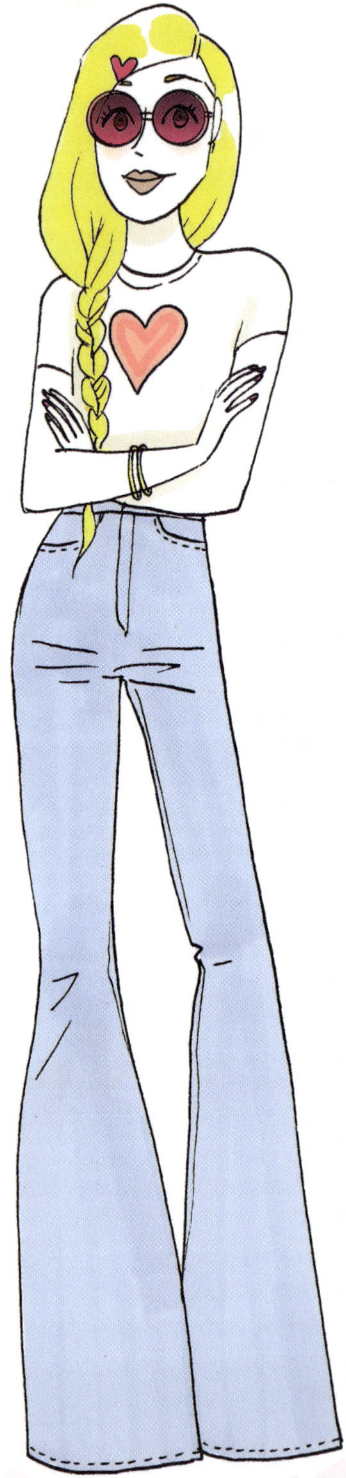

## JEANS

Il tessuto di cui sono fatti è una tela di cotone di colore blu chiamata *denim*. I *jeans* sono il capo basic per eccellenza. A sigaretta, a zampa di elefante, dritti, *boyfriend*... Non possono mancare in nessun armadio!

# KIMONO

Abito tradizionale giapponese lungo fino ai piedi, avvolto intorno al corpo senza spille né bottoni e fissato da un'ampia fascia di stoffa detta *obi*. I kimono più lussuosi sono in seta e possono essere davvero preziosi. Anche se la maggior parte dei giapponesi veste all'occidentale, nelle occasioni speciali molti indossano il kimono.

# LOGO

È il simbolo di una marca, creato di solito partendo da una o due lettere del nome, per esempio due C intrecciate o una grossa G. Alcuni marchi sono stati imitati così tanto che alcune persone si rifiutano di indossare capi (o accessori) con il logo perché li considerano di cattivo gusto. Altri invece (come Liseta) li adorano. *Tanto meglio se sono numerosi e vistosi!*

# I miei *(vecchi)* film preferiti

*Ah*, quanto mi piace passare un pomeriggio sul divano, con una coperta e i miei amici, e vedere un film. Oppure, ancora meglio, andare al cinema! Io e Liseta abbiamo i nostri film preferiti, e ogni tanto ce li riguardiamo insieme. *Vuoi sapere quali sono?*

## C'è posta per te

Uno dei miei film preferiti in assoluto. Racconta l'esperienza di Kathleen, la cui attività è minacciata dall'apertura di una libreria di catena proprio di fronte alla sua piccola libreria. Contemporaneamente, comincia via chat una storia d'amore con un uomo misterioso. È una storia bellissima!

## La piccola principessa

Il papà di Sarah è costretto ad andare in guerra, mentre lei rimane in un collegio femminile con un'orribile direttrice, Miss Minchin. Quando suo padre sparisce e il denaro per la retta non arriva più, la perfida direttrice comincia a trattare Sarah malissimo. Per fortuna lei può contare su un'amica inseparabile, su un vicino che ha dei poteri magici e su una grandissima fantasia.

## Edward mani di forbice

Un inventore che vive in un castello crea un essere quasi umano, Edward, a cui, invece delle mani, mette delle forbici. L'inventore muore prima di riuscire a completare la sua creatura. Edward conosce una donna gentile che lo invita ad andare a vivere con la propria famiglia. Nel giro di poco tempo Edward, bravissimo a creare meravigliose sculture vegetali e strabilianti tagli di capelli, fa innamorare tutte le donne della cittadina. Il resto… devi scoprirlo tu.

## Grease

Un musical? Sì, proprio un musical, con canzoni pazzesche. Sandy e Danny si conoscono al mare durante l'estate e hanno un flirt. Quando si rivedono dopo le vacanze, a scuola, si accorgono però di non avere niente in comune.

# Caro Diario

## COME TENERE UN DIARIO

Quante volte hai pensato di scrivere un diario? E quante hai cominciato e poi l'hai mollato lì? Tenere un diario richiede esercizio e costanza. Ed è un esercizio utilissimo per imparare a scrivere (bene). Non sai da che parte cominciare? Da' un'occhiata ai diari della Banda e scegli lo stile più adatto a te.

### Diario di Liseta

Caro diario,
oggi giornata pessima... Mi sono svegliata con un diavolo per capello! Che inferno... non so come uscirne. Sto andando fuori di testa!

### Diario di Marc

Caro diario,
oggi non ho tempo di scrivere perché devo leggere.

### Diario di Zoe

*Caro diario,*
*non sopporto più Nic! È un MEGAROMPISCATOLE totale. Mi ha preso il diario e se l'è letto dalla prima all'ultima pagina. Quindi, NIC, quando leggerai questo, sappi che la mamma ti darà una bella PUNIZIONE. BUAH UAH UAH (risata perfidissima). PETTEGOLO!*

### Diario di Álex

Ciao diario! Adoro questa cosa di avere un diario digitale. Grazie a una password che non conosce nessuno tranne la sottoscritta, è impossibile *hackerarlo*, eh eh eh. Magari se rivedo la parte tecnica, lo trasformo in una piattaforma mondiale… Il superdiario di Álex. Leggetelo! (Ah già, ma i diari non erano segreti?… Ops!)

# Introversa o estroversa?

Sei una di quelle a cui piace essere sempre al centro dell'attenzione o sei un tipo che preferisce fare da tappezzeria? Sono due possibilità ugualmente valide, ma se non sai quale scegliere scopri chi sei con questo test.

### 1. Qual è il tuo fiore preferito?

**a.** La margherita, perché è semplice e bella.

**b.** L'orchidea, sofisticata e appariscente.

**c.** La rosa, classica e profumata.

### 2. Se fossi un animale saresti...

**a.** Un cerbiatto, tutto timido e tremante.

**b.** Una leonessa, bellissima e maestosa.

**c.** Un cavallo di razza, fremente e libero.

### 3. Quale frutto preferisci?

**a.** La mela, sana e saporita.

**b.** Il mango, esotico e dolce.

**c.** L'arancia, per una carica di vitamine.

**Risposte:**

**Maggioranza di A:**
Sei una ragazza un po' timida a cui piace ascoltare. Non nasconderti in bagno quando vai a una festa! E ricorda che le margherite sono belle come te.

**Maggioranza di B:**
Sei l'amica simpatica e brillante a cui non piace passare inosservata. Ogni cosa di te è speciale. Ma anche gli altri lo possono essere.

**Maggioranza di C:**
Sei una persona equilibrata in tutto, persino nei gusti. Le arance sono ottime per difendersi dal raffreddore!

## *Abiti da sera*

**Lettura di poesie in un giardino di Firenze**

Abito lungo in viscosa bianco avorio. Una borsa verde acqua e un cappello di paglia decorato con fiori freschi sono gli accessori perfetti per questo look romantico.

**Presentazione del nuovo singolo dei French Connection**

Miniabito stile gladiatore in ecopelle. L'effetto metallico del colore dona all'abito un tocco futurista.

## Serata all'Opera

Abito in garza color rosa cipria con nastro in vita. Per sdrammatizzare il tono eccessivamente elegante va abbinato a una giacca da uomo appoggiata sulle spalle.

## Gala dei Premi Oscar a Hollywood

Abito elegantissimo senza spalline color bianco candido con delicati ricami in pietre preziose.

# PICCOLA GUIDA PER GRANDI VIAGGIATORI

## Il meglio di Parigi

*Ah, Parigi... la città dell'amore. La Ville Lumière! (È proprio chiamata così, la "Città della Luce", non sto scherzando.) È una delle nostre città preferite in assoluto, e sai PERCHÉ?*

- **Perché Parigi è una GRANDE città suddivisa in 20 quartieri,** con una struttura che ricorda una chiocciola.

- **Perché è attraversata da un fiume, la SENNA,** su cui puoi fare un giro a bordo di uno dei tanti battelli chiamati *Bateaux-Mouches* ("battelli-mosca", per via dei grandi "occhi" di vetro da cui puoi ammirare il panorama).

**Perché i PARCHI sono meravigliosi**, e c'è l'imbarazzo della scelta: il ***Giardino delle Tuileries***, in centro, accanto al Museo del Louvre.

***I giardini del Lussemburgo***, sulla riva sinistra della Senna, con un piccolo stagno, i pony e le biciclette in affitto.

***Il Parc Monceau***, sulla riva destra: uno dei meno conosciuti, con una piccola giostra e le grotte di finta roccia. ***Segnati questo posto segreto!***

**Perché è famosa per la sua gastronomia**. I dolci sono deliziosi, per non parlare dei *macarons*, e si può gustare un caffè a ogni angolo della città.

**E per la Torre Eiffel!** La sera si illumina allo scoccare di ogni ora, per cinque minuti: è uno spettacolo gratuito e straordinario.

# I segni zodiacali
## (II parte)

### GEMELLI
***Dal 22 maggio al 21 giugno***
**Segno d'aria**

La dualità dei Gemelli si traduce in un carattere doppio che talvolta sconfina nella contraddizione. È un segno affettuoso e educato, e vivere accanto a lui è facile, perché ha una grande capacità di adattamento, oltre a una buona abilità ad analizzare le situazioni.

### CANCRO
***Dal 22 giugno al 22 luglio***
**Segno d'acqua**

È il segno più difficile da definire: l'unica cosa davvero in comune a tutte le persone del Cancro è il fatto di amare la vita di casa. Romantico e pieno di fantasia, è molto sensibile ai problemi degli altri. Gli piace tutto ciò che ha a che fare con la creatività: arte, letteratura, musica, teatro...

*E tu di che segno sei? Scoprilo qui, in base alla tua data di nascita!*

## LEONE *come Liseta*

*Dal 23 luglio al 23 agosto*

**Segno di fuoco**

È il segno più tosto e dominante.
Il Leone è estroverso, simpatico, adora mostrare il proprio ingegno e la propria creatività. È forte e non gli manca il coraggio di affrontare le sfide. Se trova delle difficoltà lotta per superarle e non si tira indietro. *Chi può essere del Leone, nella Banda? Indovinato, proprio Liseta.*

## VERGINE

*Dal 24 agosto al 23 settembre*

**Segno di terra**

È un sapiente osservatore, e al momento di creare un rapporto procede sempre con prudenza. È molto gentile con gli altri e mai critico né indiscreto. Lo studio è un'altra delle sue passioni ed è in genere molto raffinato e scrupoloso.

# MISSIONE GLAMOUR

## *Tribù urbane di ieri e di oggi*

Punk, New Romantic, Mod... Il Novecento con le sue tribù urbane legate agli stili musicali è una fonte d'ispirazione anche per oggi. Quello che ti sembra modernissimo lo era già molto tempo fa. Scopri l'origine dei look più estremi, che hanno fatto storia. E falli tornare in vita!

### NEW ROMANTIC

L'ispirazione è l'immagine del poeta Lord Byron. Stivali a mezza gamba tipo pirata o moschettiere, tessuti e colori orientaleggianti, ma anche camicie aperte con piccoli volant e pizzi ai polsini, acconciature piene di lacca e frange lunghe. Il gruppo preferito dei New Romantic erano i Duran Duran.

### MOD

Brighton, 1960. Requisito minimo: avere una Vespa o una Lambretta lucidata e colorata. Parka verde militare, pantaloni a sigaretta neri e scarpe con una spessa suola di para. Uno stile che non passa mai di moda e che vanta fan dappertutto. La band di riferimento è il gruppo The Who.

## HEAVY

Gli Heavy, con i loro look alternativi ispirati ai gruppi hard rock, si vedono ancora per le strade delle città. Chiodo, pantaloni di pelle nera, capelli lunghi sia per lei sia per lui... Il nero è il loro colore. Adorano gli ACDC.

## GLAM

Tutto il glamour e l'androginia del rock and roll era racchiuso in una sola persona, l'icona di questo movimento: David Bowie. Guarda le sue vecchie foto e avrai l'esempio di cosa fosse il *glam*. Abiti aderentissimi e scarpe con le zeppe, paillettes, colori, make-up e acconciature super elaborate... La loro musica preferita era quella dei T. Rex.

## ROCKABILLY

Come i ragazzi americani degli anni Cinquanta: lui con giacca di pelle nera e pantaloni a sigaretta, lei con gonna ampia a campana, calzini corti e giacchino sulle spalle. Il loro cantante preferito era Jerry Lee Lewis.

# Grandi scrittrici della storia

La creatrice di *Frankenstein*, uno dei romanzi più importanti della letteratura gotica di tutti i tempi, era figlia di due grandi personalità del tempo. Da un lato Mary Wollstonecraft, filosofa, promotrice dei diritti delle donne e scrittrice, dall'altro William Godwin, filosofo e scrittore. Mary, cresciuta in un ambiente eccezionale, raccontò la storia immortale di un mostro creato dall'uomo capace di provare sentimenti.

Vissuta nel XIX secolo, nelle sue opere ritrasse gli amori dell'alta borghesia inglese con grande ironia. Nei suoi libri il punto di avvio della storia è il desiderio della protagonista di sposarsi, il che mostra quanto il matrimonio, a quell'epoca, fosse l'unica via d'uscita per la donna da una vita familiare piuttosto scomoda. Oggi i suoi romanzi *Emma* e *Orgoglio e pregiudizio* sono ancora famosissimi.

Scritto così, non vi dirà molto.
Ma forse Karen Blixen vi suonerà più familiare. Il caso di questa scrittrice danese è emblematico di come andavano le cose per le donne una volta. Molte dovevano usare un nome inventato per firmare le loro opere, come fece lei quando pubblicò i suoi romanzi (il più famoso è *La mia Africa*), usando a volte Isak Dinesen, altre volte Karen Blixen.
Come lei, molte altre scrittrici si fecero passare per uomini per pubblicare: le sorelle Brönte, Cecilia Böhl de Faber (che si firmava Fernán Caballero) e George Eliot, il cui vero nome era Mary Anne Evans.

L'autrice di *Orlando* e *La signora Dalloway* rivendicò il diritto delle donne di avere tempo e spazio per se stesse con il saggio *Una stanza tutta per sé*, dove descrive le difficoltà delle donne all'inizio del XX secolo, in un mondo dominato da uomini.

# I migliori travestimenti della Banda

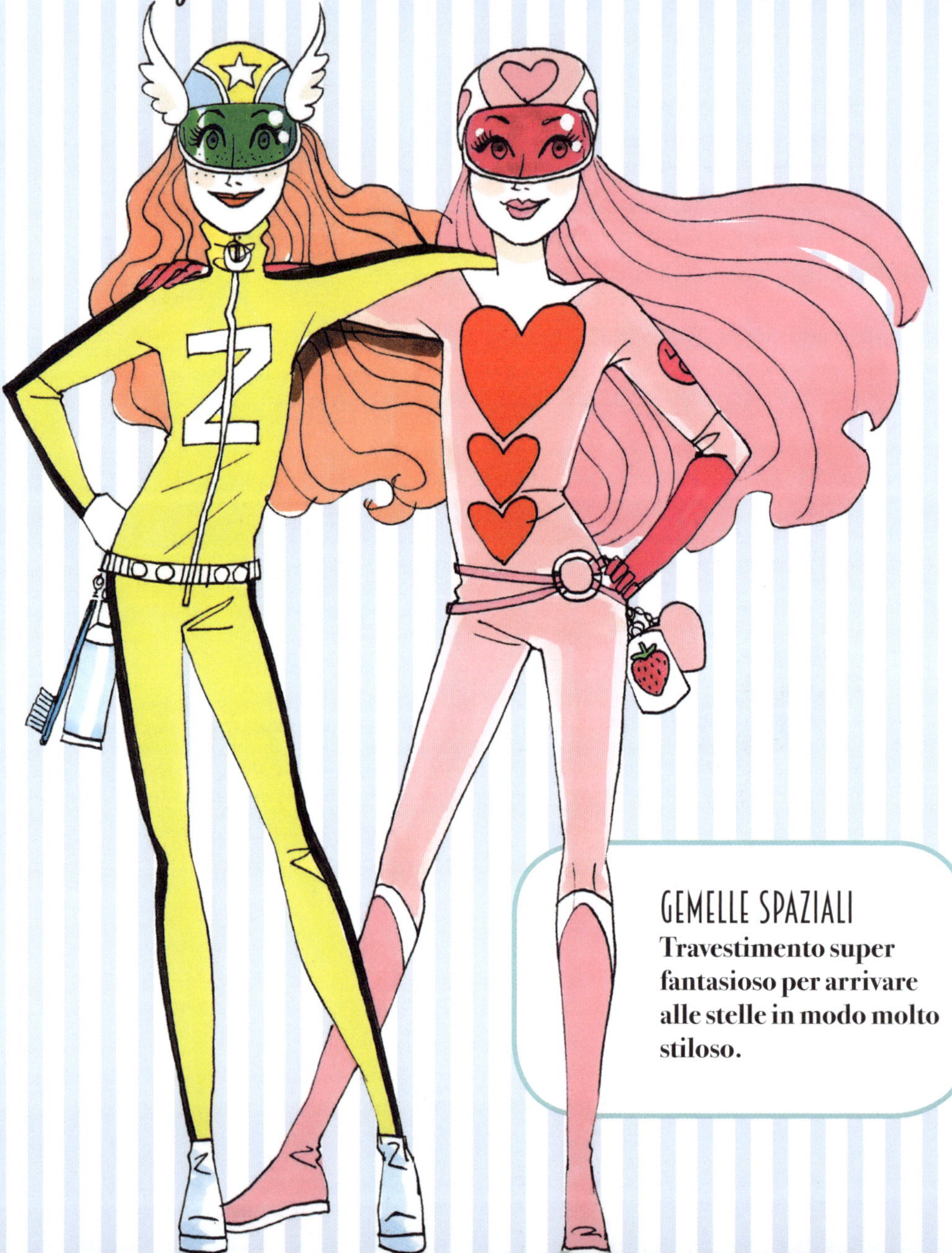

GEMELLE SPAZIALI

**Travestimento super fantasioso per arrivare alle stelle in modo molto stiloso.**

## GRAN GALA BIANCO E NERO

**Per questo evento c'è solo un obbligo: avere un vestito in bianco e nero.**

# Cioccolata in tazza

Sì, care, la cioccolata non solo si mangia, ma si può anche BERE. D'estate fredda come un frappè, e d'inverno calda e profumata ... *MMM!!!* Come scalda le mani una tazza di cioccolata... Meglio di un paio di guanti foderati!

**Una tavoletta di cioccolato fondente o al latte da 100 g**

**1 l di latte**

**Zucchero**

Metti il latte e il cioccolato spezzettato in un pentolino e fai andare a fuoco lento.
Gira con un cucchiaio di legno facendo attenzione che il composto non si attacchi. Quando il cioccolato sarà fuso, alza leggermente la fiamma e spegni appena arriva a bollore.
Aggiungi zucchero a piacere e lascia raffreddare. Poco se siamo in inverno e **mooolto** se fa caldo. E ora *goditi la tua cioccolata*!

*Queste ragazze sono vere campionesse!*

# GRANDI RECORD SPORTIVI AL FEMMINILE

## Florence Griffith, Stati Uniti

Con tre medaglie d'oro e una d'argento ai Giochi Olimpici di Seul 1988 vinse il titolo di *donna più veloce della storia* (e aveva anche delle unghie da record! ☺).

## Steffi Graf, Germania

Tennista leggendaria, ha realizzato per la prima e unica volta nel 1988 il **Golden Slam**, cioè ha vinto tutti e quattro i tornei più importanti del mondo, più la medaglia d'oro alle Olimpiadi di Seul.

## Nadia Comăneci, Romania

È stata una ginnasta eccezionale, la prima a ottenere un 10, cioè il punteggio massimo in una gara di ginnastica artistica. Ha vinto inoltre cinque medaglie d'oro ai Giochi olimpici.

## Lindsey Vonn, Stati Uniti

È tuttora una campionessa di sci. Ha conquistato il podio tante di quelle volte che ormai non le conta più. Due medaglie olimpiche, svariati campionati mondiali... *più di cento vittorie in totale!*
È la sportiva con più medaglie nella storia della **Coppa del Mondo di sci alpino.**

# Le mie eroine di tutti i tempi

## Anne Frank

Il suo diario è uno dei libri più commoventi che abbia mai letto. È curioso vedere come le emozioni di una ragazza vissuta più di settant'anni fa assomiglino in tutto e per tutto a quelle di una ragazza di oggi.

Anne Frank visse nascosta in Olanda insieme alla sua famiglia. Poi i nazisti scoprirono il suo nascondiglio e Anne e la sua famiglia vennero arrestati. Lei morì in un campo di concentramento. Ma durante la clandestinità scrisse un diario, che è arrivato fino a noi.

## Marie Curie

Francese di origine polacca, Marie Curie è stata la prima persona a ricevere due premi Nobel, uno per la fisica e uno per la chimica. Divenne famosa grazie agli studi sulla radioattività e alla scoperta del polonio e del radio.

Nonostante i suoi successi e la sua generosità (rinunciava a onori e premi) per molto tempo fu trattata ingiustamente. Fortunatamente, però, oggi occupa nella storia il posto che le spetta, cioè quello di una scienziata tra le più geniali di tutti i tempi.

## Rosa Parks

Tra altre cose assurde come non poter frequentare le stesse piscine e non poter usare lo stesso gabinetto dei bianchi, un tempo i neri erano obbligati a cedere il posto ai bianchi sugli autobus e a viaggiare in piedi nella parte posteriore.

Un giorno una donna nera di nome Rosa Parks si rifiutò di alzarsi e così venne arrestata e incarcerata. Questo semplice gesto è considerato il punto di partenza della lotta per i diritti dei neri, negli Stati Uniti e poi in tutto il mondo.

# L'abc
## *della moda secondo Liseta*
## *dalla A alla Z*

**Per parlare di moda, servono le parole giuste!**

## MANOLO

Sono le leggendarie scarpe firmate Manolo Blahnik, uno degli stilisti più famosi al mondo. Se sono così conosciute, è anche grazie a una serie televisiva la cui protagonista, una giornalista interpretata da Sarah Jessica Parker, andava letteralmente pazza per le "*Manolo*".

## Nude

Più che un colore è un non-colore. Il tono della pelle nuda, una delle nuance più in voga nelle collezioni di moda, nel trucco e negli accessori degli ultimi tempi.

## Outlet

Sono i luoghi in cui puoi trovare capi e accessori di grandi marche delle stagioni precedenti o con piccoli difetti. Il tutto a prezzi molto scontati. Normalmente si trovano fuori dalle grandi città, e le fashioniste più incallite fanno visita regolarmente a questi *outlet*. Quelli di New York, Miami, Milano o Firenze sono tra i più importanti.

# Addio, addio!

## Animali che si sono estinti (e che non rivedremo mai più)

È brutto dirlo, ma l'uomo non sempre si comporta bene. Per colpa della caccia, dell'inquinamento, della mancanza di cibo, molti animali sono scomparsi per sempre. Questi sono alcuni esemplari che ormai puoi vedere… solo in fotografia. Ognuno di noi però può fare la propria parte perché l'elenco si fermi qui! *Eh già!*

### Lo stambecco dei Pirenei

È una sottospecie dello stambecco spagnolo. Troppi cacciatori volevano un trofeo da mettere sopra il camino e così hanno finito per fare fuori tutti gli esemplari in circolazione. Prima li hanno fatti sparire dai Pirenei francesi, e 15 anni fa è morta l'ultima femmina che viveva in Spagna. **Addio per sempre!**

### Il picchio imperiale

Non lo vedremo più nidificare nelle foreste messicane, con il suo becco chiaro come l'avorio. Prima è scomparso dal Sud degli Stati Uniti e poi ha lasciato anche gli alberi del Messico.

**Addio, picchio imperiale, addio!**

### Il dodo

Simbolo dell'Isola di Mauritius, il dodo è ormai un pezzo da museo, di cui restano da ammirare solo dei becchi, qualche zampa (e alcuni disegni, che ci danno l'idea di come doveva essere). **Addio, addio dodo!**

### Tigre di Giava

Le tigri rischiano l'estinzione a causa della caccia e della mancanza di luoghi in cui vivere. Possono essere pericolose, e i contadini che abitano nelle zone in cui vivono anche le tigri non sono contenti come quelli che vanno a vederle allo zoo. Rimangono altre specie di tigri, ma non quella di Giava. **Addio, tigre di Giava, addio per sempre!**

# COME FARE SHOPPING

## (senza sperperare i tuoi risparmi)

Adoro fare affari! Perché per essere stilosa non c'è bisogno di chissà quale budget. Serve invece tanta fantasia, quello **SÌ**. E qualche trucchetto, per comprare come una vera professionista. *Vedrai che roba!*

### • *Approfitta dei saldi!*

Così farai dei veri affari! Non c'è bisogno di comprare a inizio stagione, meglio fare il contrario. Comprare il cappotto quando finisce l'inverno e i prezzi sono scontati fino al **70%** fa una **BELLA** differenza. Ora lo sai: compra sempre pensando alla prossima stagione.

### • *Evita gli acquisti impulsivi.*

Quel capo che ora ti sembra indispensabile, ma è appariscente e all'ultimo grido, tramonterà in un lampo. Meglio pensare a quello che ti manca e restare su quello. Se è di buona qualità, non passerà mai di moda.

### • *Prima di comprare, ricicla.*

Sì, prima di uscire a cercare le stesse cose anno dopo anno, pensa che la moda è fatta di cicli. Quello che si usava qualche anno fa prima o poi tornerà. Chiedi alle amiche, alle zie o alla mamma se in fondo, ma proprio in fondo all'armadio, non hanno per caso un capo come quello che cerchi.

### • *Prova con il baratto.*

Hai sentito, anzi, hai letto bene. Organizzate uno *shopping* tra amiche. Scegliete tre capi in buono stato che non mettete più e appendeteli a un attaccapanni. Se porti tre capi, puoi riportarne a casa altri tre. Quello che per te è un vestito di cui ti sei stufata, per un'altra può essere... *un tesoro!*

# Non solo cani e gatti...

## *Evviva i delfini!*

Non solo di cani e gatti è fatto il mondo degli animali. Se fai un tuffo nel mare puoi scovare pesci, granchi, stelle marine... Una fauna ricca come quella che c'è sulla terra (e magari anche di più!). Tra l'altro, in mare vivono anche dei mammiferi come i delfini. ***Facci caso quando sei in vacanza!*** Potresti vedere i delfini saltare tra le onde. È uno spettacolo pazzesco!

***Sapevi che***
i delfini allattano i piccoli come noi umani?

***Sapevi che***
i delfini mangiano pesci e altri animali marini più piccoli?

***Sapevi che***
i delfini hanno bisogno di ossigeno, proprio come noi? Per questo salgono in superficie, a respirare di tanto in tanto.

***Sapevi che***
i delfini sono tra gli animali più intelligenti che esistono?

***Sapevi che***
noi umani rappresentiamo la minaccia più grande per i delfini? Per colpa della pesca, dei pesticidi, delle plastiche e dei rifiuti galleggianti. Ma anche per gli incidenti con gli scafi delle navi e le eliche delle imbarcazioni.

# Chi era la Gioconda?

La Gioconda è la Monna Lisa. E la Monna Lisa è la Gioconda. Il suo vero nome però era Lisa Gherardini. E *Monna* voleva dire **"signora"**, quindi era la signora Lisa. Oltre a tutto questo, era anche la moglie di Francesco del Giocondo. *Che confusione!*

Ma torniamo seri. La Gioconda è uno dei quadri più famosi al mondo. Si può ammirare al Museo del Louvre, a Parigi, o su qualsiasi pagina Internet dopo aver digitato la parola **"Gioconda"**.

Il quadro è stato dipinto dal grande Leonardo da Vinci all'inizio del Cinquecento. L'incredibile atmosfera che il quadro trasmette è data dalla tecnica dello *sfumato*, sapientemente usata da Leonardo. Per non parlare del celebre sorriso della Gioconda.

E del suo sguardo. Perché se la guardi da destra sembra ti stia guardando, ma lo stesso accade anche se la guardi da sinistra. *Incredibile!*

Essendo uno dei dipinti più desiderati del mondo, oggi è molto ben protetto. Cento anni fa la tela sparì dal museo, ma fu recuperata due anni dopo, quando il ladro cercò di venderla **(era il quadro giusto!)** al direttore di un altro museo italiano. *Che pollo!*

# BRITISH, VERY BRITISH

## Le regine (e Amanda)

Il Regno Unito è una monarchia parlamentare, in cui si sono avvicendate diverse regine, un paio delle quali chiamate Elisabetta. Un'altra, piuttosto importante, portava il nome Vittoria. È arrivato il momento di cambiare disco, no?

*Che ne dite di una regina chiamata... Amanda?*

### Regina Elisabetta I

Era detta "la regina vergine" perché morì senza aver avuto figli. Visse tra il XVI e il XVII secolo, e durante il suo regno governò il paese con il pugno di ferro e affrontò in diverse guerre i più potenti Stati dell'Europa del tempo. Il suo nome è diventato un mito.

## Regina Vittoria

Regnò per 63 anni, dopo essere salita al trono a 18 anni. Era anche Imperatrice d'India. Si sposò con un cugino ed ebbe nove figli.

La sua condotta la fece diventare un simbolo della morale del tempo (detta appunto "vittoriana"), fatta di valori forti e comportamenti piuttosto formali.

## Regina Elisabetta II

Il suo titolo di Regina si estende a diversi Paesi in tutto il mondo, tra cui Belize, Nuova Zelanda, Australia, Canada, Isole Salomone e Isole Vergini Britanniche.

Non è mai andata a scuola, ci crederesti? Per cui non ha mai fatto la ricreazione, non è mai stata rimproverata perché chiacchierava, e di sicuro non ha mai preso uno zero, eh eh eh. È stata istruita in casa da insegnanti privati. In famiglia la chiamavano Lilibet.
Ha ereditato la corona all'età di 26 anni.

## Regina Amanda di Nessun Dove

Regna sul suo gatto e sui suoi sudditi parrucchieri e truccatori, che maltratta quando non le fanno i capelli o le unghie come piace a lei. Ha frequentato la scuola, ma è stata bocciata in tutte le materie. Non ha la corona, ma ne ha adocchiata una in un negozio *Tutto a un euro.*

# SEI GUFO O ALLODOLA?

Non andresti mai a dormire? Sei di quelle che appena tramonta il sole rinascono come la bella di notte (un fiore che sboccia di sera)? Pensi che dormire sia una perdita di tempo? Allora sei notturna come un gufo! O, al contrario, non vedi l'ora che tutti si alzino perché tu sei già sveglia da due ore e non fai che rigirarti nel letto? Sei mattiniera come un'allodola e non puoi vivere senza la luce del giorno! Scopri quali sono per te le ore migliori del giorno... o della notte.

### *1. Dopo cena:*

**a.** Ho solo voglia di sdraiarmi a leggere, e alla seconda pagina... sono già stesa. *Mi sono addormentata!*

**b.** Ho solo voglia di correre e saltare. *Sono carica a mille!* (E ora come faccio a dormire?)

**c.** Mi lavo i denti, leggo un po' e spengo la luce. Mi addormento subito e dormo come un sasso finché non suona la sveglia.

### *2. La mattina:*

**a.** *Arghhh...* Che pizza, dormono tutti e io mi annoio a morte! (Ora mi metto a fare rumore, così si svegliano una volta per tutte.)

**b.** *Arghhh...* Non può essere! Ma perché deve sempre suonare la sveglia? Qualcuno la vuole spegnere, per favore, così mi rimetto a dormire? *(GRAZIE, ZZZZZ.)*

**c.** *Arghhh...* È ora di alzarmi. Salto giù dal letto e vado dritta in bagno, mi preparo e faccio colazione. *Buongiorno mondo!*

### *3. Se devo fare le ore piccole:*

**a.** Casco dal sonno e mi addormento dappertutto. *ZZZZZ!*

**b.** Sono piena di energia e nessuno riesce a farmi andare a dormire. *La notte è giovane! Yeah!*

**c.** Mi sforzo di restare sveglia, ma arrivata a mezzanotte... *Svengo!*

**Risposte:**

**Maggioranza di a:** Sei un'allodola. Più diurna del sole!

**Maggioranza di b:** Ti attivi appena cala il sole. Sei un gufo (qualcuno potrebbe dire pipistrello, *ah ah ah*).

**Maggioranza di c:** Sei in equilibrio perfetto tra il giorno e la notte. *Brava!*

# La principessa Leila

## di Star Wars

La principessa Leila Organa è la protagonista femminile della saga di ***Star Wars***.

I costumi del film sono opera di John Mollo, e la sua tunica bianca, stretta in vita da una cintura, è uno degli abiti più famosi e imitati della storia del cinema.

Molto copiata è anche la sua iconica acconciatura: due chignon laterali a forma di ciambella. *E tu? Ti sei mai mascherata da Leila?*

# IL MIO **GRANDE** PIGIAMA PARTY

## *O come divertirsi senza uscire di casa*

Una delle cose più divertenti da fare con le amiche è... un PIGIAMA PARTY! In che cosa consiste? Oh, è FACILISSIMO. Leggi qui e scopri come Liseta e Zoe hanno organizzato il loro ultimo pigiama party... un SUCCESSONE!

### I PREPARATIVI

*1. APPUNTAMENTO* in una delle case. Abbiamo creato un invito semplice, di carta, fatto da noi. Con indirizzo, ora e *dress code* (come bisogna vestirsi): *IN PIGIAMA!*

*2. ARRIVA L'ORA X...* L'ideale è non cominciare tardi, per non essere troppo stanche. Le sette o le otto è un ottimo orario per iniziare.

*3. PREDISPORRE* il necessario. Materassi a terra, coperte, cuscini... più morbido è meglio è. Noi ci siamo rotolate per terra dalle risate.

*4. PROVVISTE!* Biscotti, frutta (e anche qualche caramella, senza esagerare, eh eh eh). Perché magari la notte ci può venire una gran FAME e dover andare al buio fino in cucina non è una grande IDEA.

## E I GIOCHI!

**5. SI GIOCA!** E qui arriva la parte migliore. Ci sono diverse possibilità; noi siamo partite con qualche gioco tranquillo, come indovinare personaggi storici o contemporanei seguendo degli indizi. Oppure abbiamo giocato a indovinare i titoli dei film, in un crescendo *spassoso*.

Nella seconda fase abbiamo giocato al telefono senza fili o al gioco delle sedie. *(Non ci hai mai giocato? Non posso crederci.)*

Sistema in cerchio tante sedie quanti sono i partecipanti meno uno, e fai partire la musica mentre tutti girano in tondo. Poi spegni la musica a sorpresa. A quel punto tutti devono cercare di sedersi: chi resta senza sedia è eliminato. Quindi togli una sedia e prosegui così finché restano solo due sfidanti e una sedia... *CHE VINCA IL MIGLIORE!*

**6. APOTEOSI PIGIAMOSA.** È la parte finale. Noi abbiamo giocato a prenderci, poi ci siamo pasticciate con i trucchi di mia sorella e ci siamo fatte delle maschere di bellezza a base di yogurt, cetriolo e limone. Ci siamo messe lo smalto sulle unghie dei piedi e ci siamo raccontate delle storie di paura al buio. Abbiamo cantato le vecchie canzoni di Beyoncé e le nuove di Taylor Swift. E per finire, lotta con i cuscini e inseguimento sui materassi... *FANTASTICO!*

**7. PUNTO E BASTA.** Di solito, sul più bello, un padre o una madre entra in camera come un uragano strillando: «Ora BASTA!». Glom. La luce viene spenta e noi siamo costrette a cercare i materassi a tentoni, a toglierci la maschera e lo smalto con un po' di carta... e a dormire. Ma possiamo ancora raccontarci i nostri segreti e ridere piano piano, finché qualcuno torna a rimproverarci.

Il giorno dopo eravamo morte di sonno... *E allora?*

NON C'È NIENTE DI MEGLIO DI UN PIGIAMA PARTY!

# L'ORA NEL MONDO

## *Che ore sono a Parigi quando a New York sono le tre?*

Quando in una parte del mondo è giorno, dall'altra è notte.
E la sai una cosa? Se potessimo vivere in un aereo, potremmo non veder mai tramontare il Sole. Ma chi mai riesce a vivere senza dormire?

Nel nostro pianeta, ogni zona ha un orario diverso. Questo è dovuto al fatto che, mentre gira intorno al Sole, la Terra ruota sul suo asse e per farlo impiega 24 ore, un giorno completo.

I paesi si sono messi d'accordo e hanno suddiviso la superficie della Terra in 24 fasce con orari diversi. Queste fasce sono i FUSI ORARI. All'interno di ciascuna di queste **fasce immaginarie, si registra la stessa ora.** Vanno dall'alto al basso, ma non sono delle fasce perfettamente dritte e regolari. Per questo capita che Londra (che sulla carta geografica è quasi sotto Parigi) non abbia la stessa ora di Parigi, ma quella di Lisbona che è molto più a ovest.

Il riferimento è il **meridiano di Greenwich**. Tutti i paesi prendono come riferimento questa fascia e stabiliscono la loro ora a seconda che si trovino a ovest o a est del meridiano. *Sembra complicatissimo... e lo è!*
Per questo indichiamo l'ora nel modo seguente:

GMT+1 (significa che rispetto all'ora di Greenwich dobbiamo aggiungerne una, come succede a **Parigi, Madrid e Roma**).

Oppure, per esempio, GMT-6. In questo caso, sono 6 ore meno dell'ora di Greenwich. Il "meno" significa che si va a ovest di Greenwich, come nel caso di **New York**, il "più" che si va verso est.

E per rendere le cose ancora più complicate, alcuni paesi **cambiano l'ora** in estate o in inverno. Risultato: confusione totale! Alla fine ha ragione Álex: la cosa migliore è guardare sul cellulare!

# OPERE LIRICHE (e personaggi) memorabili...

TA-DAAA!

## Violetta

È la protagonista de ***La traviata***, l'opera di Verdi, e il personaggio corrisponde al nome: è un fiore umile e bellissimo. Una tragica storia d'amore che ha resistito al passare del tempo. Eppure, alla prima rappresentazione a Venezia, più di 150 anni fa, fu un fiasco: al momento del finale tragico il pubblico, anziché commuoversi, scoppiò a ridere.

## Carmen

L'opera lirica che la vede protagonista prende il nome da lei: ***Carmen***. Anche quest'opera, composta da Georges Bizet, alla prima del 1875 fu un fiasco totale. Ma Carmen, la bella gitana, il soldato don José e il torero Escamillo continuano a far parlare di loro, *eh eh eh*.

## Aida

Anche ***Aida***, come *La Traviata*, è un'opera di Giuseppe Verdi.

Aida è una principessa etiope, che dopo una battaglia viene fatta prigioniera e portata in Egitto come schiava. Di lei si innamora Radamés, un uomo molto vicino al Faraone d'Egitto. Anche la figlia del Faraone, però, è innamorata di Radamés... *e qui cominciano le complicazioni.*

Come vedete, le questioni di cuore, ieri come oggi, si assomigliano sempre un po' tutte.

# COME ESSERE UNA BUONA AMICA

## *(di quelle vere)*

*Amiche per sempre e amiche sincere. Anche se, a volte, l'amicizia non è una cosa facile. Per mantenere una vera amicizia nel tempo, bisogna coltivarla, coccolarla e annaffiarla tutti i giorni, come se fosse una piantina. Io e Liseta siamo BFF, Best Friends Forever, che vuol dire migliori amiche per sempre. In tutte le lingue del mondo, la cosa più importante è la nostra AMICIZIA.*

**Cerca di essere sempre sincera,** ma non sbattere in faccia cose che non c'è nessun bisogno di sapere (soprattutto se non sono carine).

**Condividi i momenti belli e quelli brutti.** Ma cerca di condividere soprattutto quelli belli. ☺

**Esprimi i tuoi sentimenti.** Prova sempre a esprimere a parole quello che senti, e quando capisci di avere un'amica del cuore, diglielo.

**Non spettegolare, e non spiattellare in giro i segreti che ti vengono confidati.** Il modo migliore perché **un segreto rimanga segreto** è NON dirlo a nessuno. Se racconti a qualcuno il segreto della tua migliore amica chiedendo di mantenere la riservatezza, e lei fa lo stesso con un'altra e quella con un'altra ancora, alla fine diventerà il segreto di Pulcinella.

**Abbi cura della tua amica come se fosse un tesoro:** chiedile sempre se c'è qualcosa che non va, come sta la sua famiglia, se ha dei problemi a scuola.

**Rimani in contatto.** **Non lasciar passare troppo tempo** senza parlare con lei, senza vederla, senza ridere insieme e senza uscire con lei. Se non ti chiama lei, fallo tu.

**Fate insieme dei progetti per il futuro.**

**Confidale cos'è che ti rende felice:** un film che ti è piaciuto, un dolce squisito, un libro che ti ha fatto ridere o piangere, o tutt'e due le cose insieme. Parola d'ordine: condivisione!

# CHI LO PORTA MEGLIO?

Amanda è capace di trasformare un semplice *Little Black Dress* in un albero di Natale grazie agli accessori più improponibili e vistosi. ***Bocciata!***

Invece ci piace tantisimo Matilde! Guarda come indossa con la massima naturalezza questo abito con scollatura a cuore! La cintura di pelle marrone e lo scialle color carne esaltano il suo stile unico.

# CHI LO PORTA MEGLIO?

Quando abbiamo visto Amanda arrivare al photocall durante il Gala del Metropolitan Museum siamo rimaste secche. Ma come ha potuto abbinare quel cappello a quelle scarpe? *Fanno a pugni!*

Lezione di stile di Matilde: il color carne del suo abito dialoga perfettamente con l'impermeabile beige. *Più chic di così!*

# COM'È STATO INVENTATO IL SANDWICH

## *Così buono che è dura vivere senza...*

Scopri quale di queste storie è vera.
***Sono certa che ti stupirai!***

**A.** Anticamente, nelle **isole Sandwich**, approdò un gruppo di gente strana che non sapeva usare decentemente il coltello e la forchetta. Perciò un governatore, che era anche il proprietario del forno più importante del paese, ebbe l'idea di mettere pomodori e insalata con un po' di maionese tra due fette di pane.

**B.** Narra la leggenda che un aristocratico britannico, il conte di Sandwich, passava così tante ore seduto al tavolo da gioco da aver bisogno di mangiare rapidamente, senza usare le posate e possibilmente senza sporcarsi. Perciò chiese che gli venissero serviti dei pezzi di carne tra due fette di pane. In suo onore, all'invenzione fu dato il suo nome: **SANDWICH.**

**C.** Il primo sandwich fu inventato in India e si chiamava **Saan Wiz.** Era fatto di pita, lenticchie e salsa allo yogurt. Ed era così buono che la sua fama si diffuse in tutto il mondo dopo che Marco Polo e Napoleone Bonaparte ne trangugiarono una dozzina a testa in occasione di una scommessa a chi ne mangiava di più.
Vinse Napoleone, ma questa è un'altra storia.

**Risposta:**
Ovviamente la storia vera è **la B**. *Marco Polo visse parecchi secoli prima di Napoleone!*
E anche se le isole Sandwich esistono davvero, il resto della storia è inventata.

# Sandwich da leccarsi le dita... anzi, le *fingers*.

*Eh eh eh!*

Zoe MINICHEF

*Le mie ricette preferite per un pomeriggio sul divano a guardare un film!*

## *Club sandwich*

Un classico con due o più fette di pane in cassetta private del bordo, tostate e farcite (il club sandwich dev'essere bello **"cicciottello"**) con pomodoro, lattuga, uovo sodo, petto di pollo alla piastra, una fetta di bacon croccante e maionese. Una volta messi tutti gli ingredienti, infila uno stecchino al centro per tenerlo chiuso. *STRATOSFERICO!*

## *Toast*

Il classico sandwich con prosciutto e formaggio. Due fette di pane in cassetta farcite con una fetta di prosciutto cotto, una di formaggio e poi messe nel tostapane. Mangialo subito, prima che si raffreddi. *Mi viene l'acquolina in bocca...*

## *Croque monsieur (e Croque madame!)*

La versione francese del toast. Farcisci due fette di pane con il prosciutto (e un po' di besciamella, se vuoi), chiudi e metti un po' di formaggio sopra. Inforna e lascia gratinare. Se vuoi trasformare il Croque monsieur in Croque madame devi aggiungere in cima al toast un uovo fritto e voilà! *Pulisciti la bocca con il tovagliolo alla fine!*

## *Pain au chocolat*

**Il mio preferito!** Prendi mezzo filone di pane (se possibile, mezza *baguette*) e svuotalo della mollica con le mani. Taglia dei quadratini di cioccolata al latte da una tavoletta e usali per farcire il filoncino. *È una delizia davvero unica!*

# DEI E DEE DELL'ANTICA GRECIA

## *Gli abitanti del Monte Olimpo e le loro storie*

*La società della Grecia antica era molto sviluppata e complessa, proprio come la intendiamo oggi. La religione era una parte importante della vita dei Greci, che ritenevano che la dimora degli dei fosse in cima al Monte Olimpo, la montagna più alta di tutto il Paese. Gli antichi Greci veneravano dodici divinità principali, tra cui Zeus, Afrodite e Atena.*

### Zeus

Era il più importante tra gli dei, il loro padre, nonché loro re, cioè colui che decideva il destino degli altri. Veniva considerato il dio del cielo e veniva spesso rappresentato con un fulmine in mano: quando si arrabbiava, la sua furia prendeva la forma di tuoni e lampi!

### Afrodite

Dea dell'amore, della bellezza e della fertilità. Era una delle figlie predilette di Zeus. Si narra che fosse nata dalla spuma del mare e nei dipinti viene quasi sempre rappresentata mentre emerge dalle onde. Ebbe una vita piuttosto movimentata, soprattutto nelle faccende amorose. Oggi lei e Persefone avrebbero occupato le pagine di tutte le riviste rosa con i loro litigi per il bell'Adone.

## Atena

La dea della sapienza, ma anche della guerra. Per questo, nelle sculture e nelle immagini dipinte, indossa quasi sempre un'armatura. Secondo la leggenda, nacque già armata, e già adulta, dalla testa di Zeus. Una delle rappresentazioni più famose si trova a Roma, nei Musei Vaticani, ed è la copia romana di un originale perduto, attribuito allo scultore greco Prassitele.

## Poseidone

Il dio del mare e dei terremoti. *Gasp!* Viene rappresentato con il tridente in mano, arma con cui colpiva la terra quando si arrabbiava, scatenando il terremoto. Quando invece era in buona, faceva nascere dalla mano nuove isole e mari placidi. Anche se non gli assomigliava per niente, era il fratello di Zeus. Era un dio molto importante, venerato in numerose città.

# LE RAGAZZE SONO GUERRIERE!

## Impara ad avere uno sguardo critico

*Sono finiti i tempi in cui le ragazze dovevano starsene zitte e buone e imparare il ricamo. Oggi puoi ricamare, se ti piace, e puoi anche stare zitta, ma dev'essere una tua scelta.*

- Non confrontarti con le fotografie delle ragazze che vedi sulle riviste, la maggior parte di quel che vedi **NON** è reale. Le foto vengono ritoccate in modo che la pelle appaia senza macchie o foruncoletti, le gambe sembrino più lunghe, i capelli più lucidi e i denti bianchissimi. Questo è **PHOTOSHOP.**

- Se non sai qualcosa chiedilo, non rimanere nel dubbio. E ricorda che nessuno nasce "imparato". È peggio fingere di aver capito che riconoscere di non aver capito niente.

- Sai qual è la parte più attraente di una donna? Il **CERVELLO.** Non dimenticarlo mai.

- Non porti **LIMITI.** Metticela tutta, e se non ce la fai, si vedrà. Ma non remare contro te stessa. Dimentica frasi come *«non posso»*, *«è impossibile»* o *«non lo so»*, e sostituiscile con *«ci provo»*, *«farò tutto il possibile»* e *«sono sicura che ci riuscirò»*.

- Non credere a tutto quello che ti raccontano. Filtra le informazioni, e cercane altre se necessario. Credici solo dopo averle verificate **TU.**

# Come capire se ti dicono la verità:
## *Il linguaggio del corpo*

A volte la bocca dice sì, ma gli occhi dicono no. Impara a decifrare i gesti oltre che le parole. Fai il test qui sotto.

### *A. Eravate rimaste di vedervi durante il fine settimana, ma all'ultimo una delle tue amiche decide di non venire.*

**1.** Dice che non può: sua nonna ha un mega raffreddore perché ha preso una pioggia torrenziale. Nel dirlo si tocca il naso.

**2.** Dice che non può: sua nonna ha un gran raffreddore perché ha preso una pioggia torrenziale. Si tocca il naso e ti guarda fisso.

**3.** Dice che non può: sua nonna ha un gran raffreddore perché ha preso una pioggia torrenziale. E alla fine ride.

### *B. Ti metti un vestito che non ti convince: chiedi alla tua migliore amica come ti sta.*

**1.** Dice: «Benissimo». Poi batte le palpebre e sorride.

**2.** Dice: «Malissimo». Poi batte le palpebre e ride.

**3.** Dice: «Benissimo». Poi annuisce e ride.

### *C. A pranzo tua madre prepara la sua specialità: pastasciutta. Ti chiede com'è venuta.*

**1.** Rispondi: **«È buonissima!»**, tappandoti la bocca.

**2.** Rispondi: **«È buonissima!»** e batti le palpebre come se ti fosse entrato un moscerino in un occhio.

**3.** Rispondi: **«È buonissima!»** e continui a mangiare senza alzare la testa dal piatto finché non hai finito.

**Risposte:**
**A.** 1 e 2: Bugiaaa. 3: Verità.
**B.** 1 e 2: Bugiaaa. 3: Verità.
**C.** 1 e 2: Bugiaaa. 3: Verità.

# I segni zodiacali (III parte)

## BILANCIA

*Dal 24 settembre al 23 ottobre*

**Segno d'aria**

Incantevole e piena di buon gusto, non tollera il conflitto né essere contraddetta. È molto socievole e curiosa di tutto ciò che la circonda. Proprio come il simbolo che la rappresenta, ha un profondo senso della giustizia.

## SCORPIONE *come Amanda*

*Dal 24 ottobre al 22 novembre*

**Segno d'acqua**

Carattere: questo segno possiede una grande energia e un forte magnetismo personale, due caratteristiche che lo rendono un vero leader. Possiede anche una forte volontà e una tenacia fuori dal comune. È molto attraente ed è un grande osservatore. E quasi tutti gli scorpioni hanno gli occhi belli ☺. *Uno scorpione famoso? Amanda...*

*Di che segno sei? Scoprilo in base alla tua data di nascita!*

## SAGITTARIO

*Dal 23 novembre al 21 dicembre*

**Segno di fuoco**

Grande avventuriero e con un forte spirito di adattamento, è capace di accettare idee nuove e diverse senza battere ciglio. Ha solo buone qualità: onesto e sincero, difende sempre gli altri, adora imparare, è generoso e ingegnoso. *I Sagittari sono il top!*

## CAPRICORNO *come Marc*

*Dal 22 dicembre al 20 gennaio*

**Segno di terra**

Giusto, esigente con se stesso, calmo, stabile. Il Capricorno è un segno che infonde tranquillità. Oltre a tutto questo è un gran lavoratore, molto responsabile e affronta le sfide con grande tenacia. *Lo sapevi che Marc è Capricorno? Proprio così.*

Zoe MINICHEF

# Ghiaccioli anguria e cioccolato

Uno dei modi migliori per rinfrescarsi d'estate è gustare un bel ghiacciolo alla frutta fatto in casa. Se poi è divertente da preparare, meglio ancora. **Sai come si prepara un ghiacciolo all'anguria?** Dopo aver letto la mia ricetta preferita la risposta sarà **SÌ**!

**Mezza anguria**

**Gocce di cioccolato**

**Stecchi di legno o piccoli cucchiai**

**Bicchierini di plastica**

Taglia l'anguria a pezzetti, elimina i semi e la scorza. Frulla la polpa in un mixer fino a ottenere un composto liquido. Se ti piace un gusto dolce puoi aggiungere un po' di zucchero o dolcificante naturale, come il fruttosio o lo sciroppo d'agave.

Versa l'anguria frullata in un recipiente di plastica e mettilo in freezer per mezz'ora, finché comincia a gelare. Tiralo fuori e mescola con un cucchiaio. Metti qualche goccia di cioccolato in uno dei bicchierini e poi versaci sopra una cucchiaiata di composto di anguria. Alterna strati di anguria e gocce di cioccolato, che sembreranno i semi. Riempi allo stesso modo gli altri bicchierini di plastica fino all'orlo e infila un bastoncino di legno al centro (oppure un cucchiaino).

Rimettili in freezer.

Puoi gustare i ghiaccioli dopo tre o quattro ore, ma puoi anche lasciarli a riposo per l'indomani. *In freezer si conservano perfettamente!*

# *Vamos a la playa*

## CHECK LIST

*Andare in spiaggia è fantastico!*
Se però ti ritrovi sotto il sole senza un filo d'ombra dove ripararti, impanata di sabbia, morta di sete e arrostita dal caldo, il tutto può diventare un vero incubo. **Scommetto che è capitato anche a te di scottarti i piedi camminando scalza sulla sabbia**. Se controlli la nostra lista prima di andare al mare vedrai che non ti succederà più.

*Prima di vestirti spalmati la crema solare dappertutto. In questo modo non dovrai farlo sulla spiaggia finendo impanata di sabbia come una crocchetta.*

*Indossa il costume prima di andare in spiaggia, ché poi fare la contorsionista per cambiarti lì è un macello. E ricorda di portare con te:*

- ✔ *Telo in spugna o microfibra.*
- ✔ *Cappellino o cappello. La testa è la prima cosa a surriscaldarsi, e se la lasci nuda puoi prenderti un'insolazione.*
- ✔ *Acqua da bere. Per fare il bagno c'è il mare.*
- ✔ *Sandali, infradito o espadrilles. Qualcosa per non scottarti i piedi.*
- ✔ *Ombrellone. Sotto si sta meglio.*
- ✔ *Una mela, una pesca o una banana. Il bagno in mare ti farà venire fame...*
- ✔ *Un libro? Meglio due. Così puoi scegliere!* ☺

# Storie di modelle: modelle con una storia

## Twiggy

La ragazzina tutto pepe dalla figura androgina con il viso da bambola, gli occhioni incorniciati da lunghe ciglia e i capelli corti ha rappresentato come nessun'altra lo spirito degli anni Sessanta. Il suo viso inconfondibile l'ha resa agli occhi di tutti il simbolo della *British girl.*

**Lo sapevi che, oltre a fare la modella, Twiggy è stata una cantante e ha vinto un premio come attrice di musical?**

## Lisa Fonssagrives

Forse una delle modelle più belle ed eleganti di tutti i tempi. Il suo collo da cigno, i lineamenti delicati e il portamento armonioso la consacrarono come una delle prime top model del mondo. È stata la grande icona della moda anni Quaranta e Cinquanta. Sposandosi con il fotografo Irving Penn entrò nell'olimpo delle star.

**Lo sapevi che il personaggio di Crudelia De Mon è ispirato a lei?**

# Claudia Schiffer

Bionda, tedesca, altissima. È stata una delle top model più famose degli anni Ottanta e appare ancora in numerose campagne pubblicitarie. La sua fama è cresciuta immensamente grazie alle centinaia di spot e alle pagine di moda di cui è stata protagonista. Ha fatto qualche piccola incursione nel cinema, con piccoli ruoli da attrice.

*Lo sapevi che* **il suo cane preferito è il pastore tedesco?**

# Iman

Di origine somala, è **la prima top model nera della storia**. La sua bellezza l'ha portata dritta negli Stati Uniti.

*Lo sapevi che*
**Iman ha studiato Scienze politiche all'università e ha avuto una lunghissima carriera nel mondo della moda?**

# Cara Delevingne

È il personaggio del momento. Ama fare facce buffe in foto, è la ribelle del mondo della moda. Il suo sogno è fare l'attrice e ha già partecipato con successo a vari film. *Bene!*

# Caro pianeta Terra

## *Come lo stiamo trattando?*

Il nostro pianeta soffre. Noi uomini, con le nostre azioni, abbiamo creato talmente tanti cambiamenti che in un futuro non lontano la vita sulla Terra potrebbe essere molto diversa da quella che conosciamo. Il nostro pianeta è malato e ha bisogno di noi per ragioni diverse:

- ***Stiamo esaurendo tutte le risorse:*** l'acqua e l'energia. Ma anche la terra, che si impoverisce a causa delle grandi estensioni a monocoltura.

- ***Stiamo distruggendo le foreste:*** in Amazzonia, in Africa, in Europa. E oltre agli alberi, distruggiamo l'habitat in cui vivono gli animali, che hanno sempre meno spazio per nidificare e riprodursi.

- ***Gli oceani rischiano di rimanere orfani*** dei grandi cetacei e di molti pesci a causa della pesca intensiva. Si è pescato e si continua a pescare troppo. Senza balene, tonni né altri animali non sarebbe più mare.

- ***Il ghiaccio ai Poli si sta sciogliendo,*** e questo, oltre a distruggere l'habitat di milioni di animali, provocherebbe l'aumento del livello del mare, la scomparsa di molte città e il cambiamento di tutti gli equilibri del nostro pianeta.

- ***Il riscaldamento globale*** sta trasformando l'ecosistema, e molte specie animali rischiano di scomparire, se non riusciranno ad adattarsi.

- ***Stiamo distruggendo l'atmosfera,*** l'aria che respiriamo. Con le emissioni dovute alle automobili, alle fabbriche, al riscaldamento, all'allevamento intensivo del bestiame. L'aria può diventare irrespirabile, come già succede in alcune città dell'Asia. *Vuoi vivere con la mascherina?* Nessuno lo vuole. Non è troppo tardi, dobbiamo agire.

# STOP alla rovina del nostro pianeta

*Non possiamo stare a guardare. E nessun gesto è piccolo: se tutti facciamo qualcosa, possiamo ottenere grandi risultati. Insieme possiamo creare un mondo migliore. Basta adottare una serie di abitudini che non costano nulla. Tutti possiamo prenderci cura del nostro pianeta. Anche tu.*

## *Non lasciamo scomparire le foreste*

Foreste, legno, cellulosa, carta. Abituati a scrivere sulle due facciate di ogni foglio, in modo da non sprecare la carta. E stampa solo se devi. Ricorda che la carta va sempre riciclata.

## *Stop all'impoverimento del terreno*

Pesche d'inverno e mele d'estate? Nossignora! Impara a consumare prodotti di stagione che non devono viaggiare in aereo o su grandi navi da una parte all'altra del mondo.

## *Risparmio energetico*

Ti hanno mai detto di spegnere la luce quando esci da una stanza? Be', fallo: spegni la luce. La luce ma anche gli apparecchi elettrici che non stai usando. E se puoi usare l'energia solare, ancora meglio.

## *Meno spazzatura*

Devi proprio bere acqua in bottiglia, e di plastica, per di più? Porta con te una borraccia da riempire. Se invece hai una bottiglietta, quando è finita schiacciala e riciclala.

## *Non sprecare l'acqua*

Un gesto semplice come chiudere il rubinetto mentre ti spazzoli i denti o lavi i piatti, o fare una doccia invece di un bagno, riduce lo spreco d'acqua.

# *Abiti* D'EPOCA

## Epoca greco-romana

Il capo per eccellenza era la tunica. In genere le tuniche erano chiare, perché le tinture non erano ancora molto diffuse e non esistevano i tessuti stampati. Per uscire di casa si usava un mantello con il cappuccio. La tunica era abbinata a un paio di sandali di cuoio alti, e a piccoli gioielli d'oro giallo, per esempio braccialetti a forma di serpente, anelli con pietre semipreziose o spille con cammei.

*Un superlook!*

## Austerità medievale, XII secolo

Gli abiti e le maniche erano lunghi; in genere la testa e il petto coperti. Per i vestiti dei nobili si usavano tuttavia stoffe molto ricche, con ricami d'oro e pietre semipreziose, e, nei Paesi del Nord, anche pellicce di animali.

## Eleganza francese, XVIII secolo

La moda divenne stravagante.
Gli abiti venivano confezionati in sete colorate, con pizzi e ricami. Le gonne erano molto voluminose, e le dame indossavano un corpetto e l'*andrienne*, una veste aperta davanti e sovrapposta a una gonna. Completavano l'opera immense parrucche incipriate.
***Le dame erano elegantissime, ma non si lavavano mai!***

## I ruggenti anni Venti

Il XX secolo fu quello che vide accorciarsi le gonne e i capelli delle donne. I corsetti, che opprimevano e non permettevano di muoversi liberamente, furono accantonati. E poco a poco arrivò una rivoluzione. Abiti plissettati alla caviglia, capelli a caschetto, piume, pietre preziose...
***Viva il charleston!***

# PICCOLA GUIDA PER GRANDI VIAGGIATORI

## Il TOP di Londra

*Londra è una delle città più affascinanti del mondo. La capitale del Regno Unito, la swinging London, con i suoi cantanti pop e i negozi di moda, è anche la capitale dei grandi musei e del Big Ben. Londra ci piace da matti, e sapete PERCHÉ?*

- **Perché è multiculturale e multietnica:** questo significa che nei suoi quartieri convivono persone che arrivano da tutte le parti del mondo, portando con sé abitudini, cucine e vestiti diversi… *A Londra puoi gustare la cucina indiana meglio che in India!*

- **Perché è attraversata dal Tamigi,** e lì, sulle sue rive, ci sono alcuni dei monumenti più famosi, come **Westminster Palace**, sede del Parlamento, e il Big Ben. *E anche il London Eye: una ruota panoramica gigantesca da cui puoi vedere tutta la città!*
- **Per i PARCHI, come Hyde Park,** con giardini all'inglese dall'aspetto molto naturale. Londra è davvero una città verdissima.
- **Per i musei, come il British Museum o la Tate Gallery.** Ci sono alcune opere d'arte, come le mummie egizie o i fregi del Partenone, che puoi vedere solo qui.
- **Per il fish & chips,** le famose patatine con il pesce fritto, che puoi mangiare avvolti in un cartoccio. Da leccarsi i baffi.
- **Per il tè.** Anche se non ti piace, il tè è un'esperienza unica. L'**high tea** è una merenda con pasticcini, piccoli sandwich con i cetriolini e i tipici *scones*, dolci che si mangiano con panna e confettura di ciliegia o fragola... *Deliziosi!*

- **E per il Big Ben!** (Che è un orologio.)

# L'abc
## *della moda secondo Liseta*
### *dalla A alla Z*

**Per parlare di moda, servono le parole giuste!**

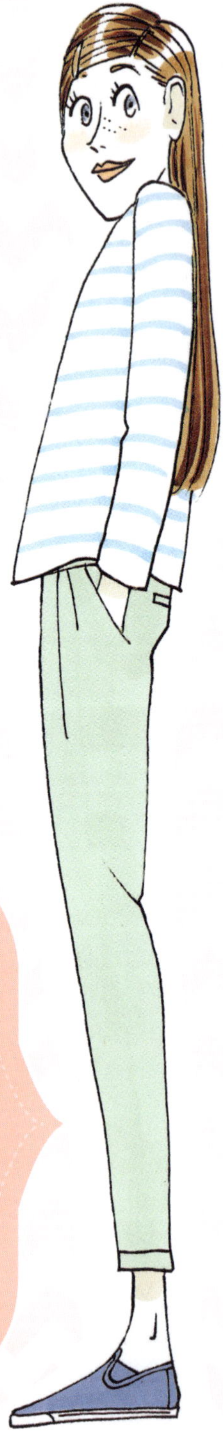

## PANTALONI

Sono il nostro capo preferito. Possono essere pratici, sexy, eleganti, casual… dipende da come li porti. E pensare che fino a neanche cent'anni fa le donne non potevano indossare i pantaloni… Il loro utilizzo si è diffuso dopo la Seconda Guerra Mondiale, quando la maggior parte degli uomini era al fronte e le donne furono costrette a prendere il loro posto in lavori che prima non avevano neanche il permesso di fare.

Scegli il tuo modello preferito: a sigaretta, capri, a zampa d'elefante, dritto, gonna pantalone… Ci sono tanti pantaloni quante sono le ragazze a cui piace portarli.

## QUANT, MARY

L'inventrice della minigonna! Negli anni Sessanta del Novecento avvenne una seconda grande rivoluzione nel mondo della moda, dopo quella che aveva permesso alle ragazze di portare i pantaloni. Solo che questa volta riguardò la lunghezza delle gonne. Da quelle lunghe fino ai piedi si passò a quelle alla caviglia, poi al ginocchio. Con la mini… l'altezza si è fermata poco sotto la cintura.

Oggi la minigonna è un capo normalissimo, che non crea più nessuno scandalo.

## ROSSO

Il rosso è *il colore*. Il colore dei papaveri, dei cuori, delle rose, dei tramonti… e di alcuni abiti con cui le donne sono meravigliose. Lo stilista Valentino diceva che ogni donna deve avere un vestito rosso nell'armadio. Liseta è super d'accordo con lui.

# Matilde: le mie cantanti *preferite*

## Aretha Franklin

La signora del Soul (com'è soprannominata) è una delle donne più importanti della musica di tutti i tempi. E non solo della musica, perché Aretha ha usato la sua influenza per parlare di diritti delle donne e delle minoranze. Per molti è la più grande cantante della storia. Giudica tu: ascolta capolavori come *Respect*, *I say a little prayer* e *Freeway of love*.

## Madonna

*Blond Ambition*. La cantante per eccellenza. Un mito della musica. Con il suo stile disinvolto, irriverente, ambizioso e senza complessi ha cambiato il modo di vestirsi, pettinarsi, vivere e comportarsi di moltissime donne. Le sue hit sono davvero infinite... Ha raggiunto il primo posto della Top Ten mondiale più di qualunque altro artista nella storia. *Più di Elvis!*

## Björk

Sapevi che il suo vero nome è *Björk Guðmundsdóttir*? Quest'artista islandese oltre a essere una cantante è anche compositrice, attrice e produttrice musicale. Quel che si dice un'artista completa. Da piccola il suo idolo era Albert Einstein, e collezionava insetti. Ha uno stile molto personale, e il look non è da meno.

## Rihanna

Le sue canzoni hanno battuto ogni record: è l'artista dell'era digitale ad aver venduto più dischi di tutti i tempi. Oltre a cantare partecipa a videoclip e film, ma quello che le piace più di tutto è cambiare look, colore dei capelli, pettinatura... *Non la vedrai mai uguale due giorni di fila!*

# LE SETTE MERAVIGLIE DEL MONDO

Nell'antichità, i saggi si chiesero quali fossero le opere più grandi e importanti create dall'uomo. E così fecero una lista, esattamente come facciamo noi. Ma mentre noi annotiamo cose semplici, come quello che dobbiamo comprare o i cani più intelligenti o gli sportivi che hanno vinto più medaglie, gli antichi selezionarono sette opere che non si potevano non vedere. Molte non esistono più, altre invece sì.

**1.** *La Grande Piramide di Cheope,* in Egitto. È la più grande delle tre piramidi che esistono a Giza, oltre che la più antica. È stata terminata quasi 3000 anni prima di Cristo ed è ancora lì. Notevole!

**2.** *I Giardini pensili di Babilonia.* Babilonia era nel Paese che oggi chiamiamo Iraq. Sfortunatamente non possiamo vederli perché Babilonia fu distrutta molto tempo fa.

**3.** *Il Tempio di Artemide.* Venne costruito nella città di Efeso, nell'attuale Turchia, circa 500 anni prima della nascita di Cristo. Venne eretto dal re Creso e distrutto da un incendio. Tempo dopo, Alessandro Magno lo fece ricostruire.

## 4. Il Mausoleo di Alicarnasso.

Ormai scomparso, era un tempo un edificio molto imponente. Se oggi fosse ancora in piedi, si troverebbe in Turchia. Il nome viene da Mausolo, il sovrano per cui venne costruito alla sua morte, e il termine è poi rimasto a indicare tutte le grandi tombe monumentali.

## 5. La statua di Zeus.

Una delle opere più importanti dello scultore Fidia, collocata nel tempio di Zeus a Olimpia, nell'antica Grecia.

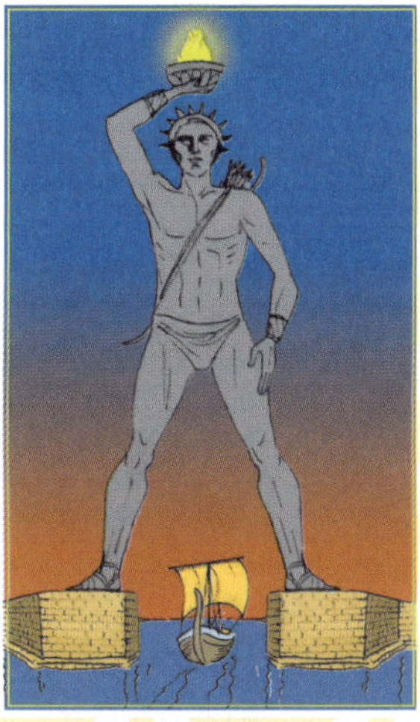

## 6. Il Faro di Alessandria.

Colosso alto di più di cento metri, aveva la funzione di guidare le navi perché entrassero e uscissero sane e salve dai due porti cittadini. Il nome deriva dal fatto che sorgeva sull'isola di Pharos, di fronte alla città di Alessandria d'Egitto. È stato distrutto dai terremoti del X e XIV secolo.

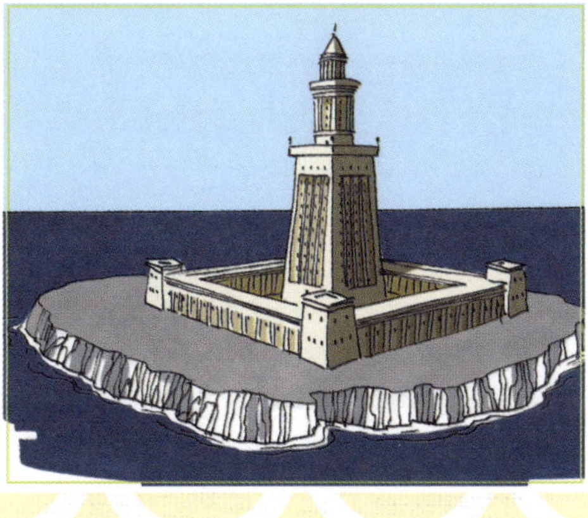

## 7. Il colosso di Rodi.

Sappiamo che si trovava a Rodi e che era una statua del dio greco Helios alta più di cento metri. Sfortunatamente la statua crollò in seguito a un terremoto. Le rovine rimasero sul posto per quasi mille anni, ma poi, poco per volta, sparirono. Peccato.

# Le mie sette meraviglie

Sciocchezze! Chi vuole visitare dei sassi impolverati quando **ESISTONO** grattacieli con ascensori e aria condizionata? E perché andare in giro a visitare monumenti o leggere libri quando si può stare stravaccati a non fare niente? Amanda è una **GRANDE** fan di tutto ciò che è finto, inquinante o estremamente costoso. Poveretta! Non sa quel che si perde.

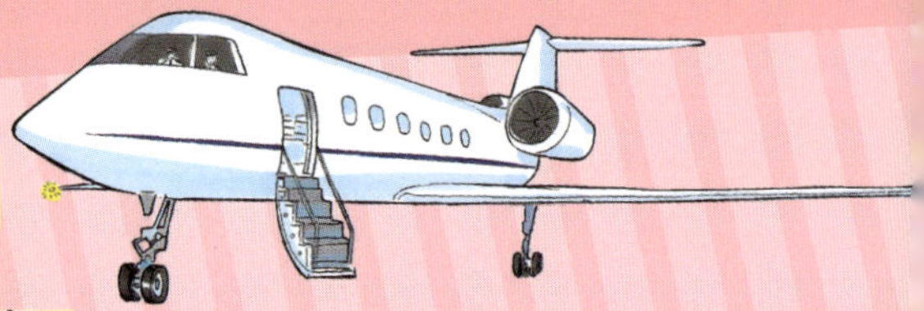

## Meraviglia numero 1. I jet privati.

Proprio così, tesoro. Importa a qualcuno che per portare una sola persona consumano combustibile come un aereo con cento passeggeri? Importa a qualcuno che lo strato di ozono si riduce? *A me no.*

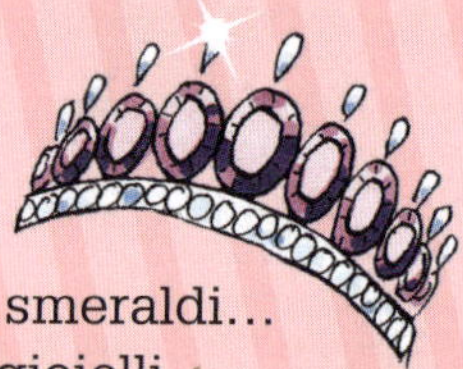

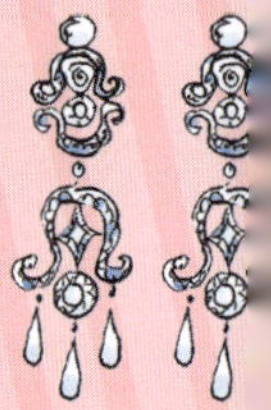

## Meraviglia numero 2. I gioielloni.

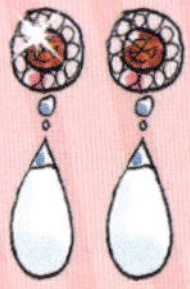

Voglio chili di diamanti e rubini, e zaffiri, smeraldi… e più grossi sono meglio è. Trovate che i gioielli grossi siano volgarotti? *Ah ah ah!* Chi dice una cosa del genere non ha capito niente, ve lo dico io.

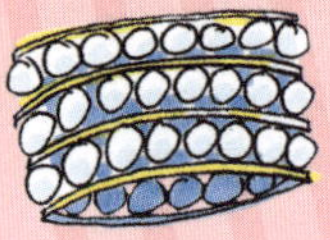

## Meraviglia numero 3. Le lampade abbronzanti.

Voglio essere abbronzata tutto l'anno. Come se fossi **SEMPRE** in vacanza, *eh eh eh*. Dicono di non esagerare, e che è pericoloso. Pfff, è tutta invidia per la mia bellissima pelle ambrata. *Via, in forno!*

## *Meraviglia numero 4.*
# Le automobili di lusso.

Io preferisco i bolidi che vanno come razzi, senza rispettare i limiti di velocità né il codice della strada. Le macchine normali sono per la gente normale, ma io non sono normale. *Sono straordinaria!*

## *Meraviglia numero 5.*
# La lacca per i capelli.

Un'invenzione senza la quale non posso vivere. Capelli crespi? No, grazie. Gli spray distruggono l'ozono? EMBÈ? Ci sono così tante seccature al mondo; se sparisce un po' di ozono e i poli si sciolgono che mai sarà? *Avremo più spiagge, dai.*

## *Meraviglia numero 6.*
# Specchio specchio...

*Specchi!* Tanti, tantissimi! Voglio stanze rivestite di specchi per potermi ammirare da ogni angolazione. Non riesco a smettere di guardarmi, sono cooosì bella e stilosa... *Ah!*

## *Meraviglia numero 7.*
# Le limousine.

Niente male, vero? E poi mi servono: lo spazio per allungare le gambe, un piccolo minibar, musica a palla e un cestino con la copertina per il mio adorato Manicure. E no, non credo salirò mai su un'auto normale. *Yeah!*

# LE SETTE MERAVIGLIE

## *del mondo MODERNO*

Purtroppo le sette meraviglie dell'antichità sono quasi tutte scomparse, per cui non possiamo vederle. Quanto alle sette meraviglie di Amanda… be', lasciamo stare. Possiamo invece scoprire quali sono le sette meraviglie di oggi. A proposito, lo sapevi che…

**1.** *Chichén Itzá, in Messico, è un'antica città maya, nonché uno dei siti archeologici più importanti del mondo? Era l'antica capitale del regno dei Maya e oggi è uno dei posti più visitati al mondo grazie al suo famoso tempio.*

**2.** *Il Colosseo nell'antica Roma era l'equivalente dei nostri campi da calcio? Poteva contenere 50.000 spettatori e ospitava degli spettacoli per cui i Romani andavano pazzi. I giochi consistevano in lotte tra gladiatori e bestie feroci. Paura!*

**3.** *La statua del Cristo Redentore a Rio de Janeiro è alta quasi quaranta metri? È stata costruita in Francia, smontata per essere portata in Brasile e poi rimontata sul posto. È cava al suo interno ed è stata progettata per resistere al vento forte, prendendo a modello le vele delle navi.*

**4.** La Grande Muraglia cinese è lunga più di 20.000 chilometri? Praticamente come dalla Francia al Sudafrica e ritorno. È una fortificazione antica che costò la vita a più di dieci milioni di operai durante la sua costruzione.

**5.** Il Machu Picchu è uno dei posti più affascinanti e misteriosi del pianeta? Sorge in cima a una montagna circondata da una cordigliera verde. È stata residenza e fortezza degli antichi popoli delle Ande che vissero prima del XV secolo.

**6.** Petra significa "roccia"? Questa antica città giordana, scavata e scolpita nella roccia, viene chiamata "la città perduta". Nonostante questo nome, è arrivata fino a noi. Fu scoperta dagli Europei nel XIX secolo.

**7.** Il Taj Mahal, in India, è un monumento funerario eretto da 20.000 uomini in memoria della moglie di un imperatore? La donna morì dando alla luce la quattordicesima figlia. Le cose sono un po' cambiate da allora, ma il Taj Mahal è ancora lì, bellissimo e maestoso.

# Grandi pittrici e scultrici della storia

È stata la prima donna a entrare all'Accademia delle Arti del Disegno di Firenze. Imparò il mestiere nella bottega del padre e diventò una grande pittrice, rispettata e ammirata dagli altri artisti tra il XVI e il XVII secolo. Fu vittima di un tragico episodio che la trasformò in un simbolo della lotta delle donne. I suoi dipinti continuano a parlare di lei a distanza di secoli.

**Lo saperi che**

***i suoi quadri, dai forti chiaroscuri, si trovano nei più importanti musei del mondo?***

Geniale scultrice francese del XIX secolo. Da piccola si interessò alla scultura ed entrò come aiutante nello studio del famoso scultore Rodin. I due lavorarono insieme ed ebbero anche una storia d'amore.

**Lo saperi che**

***a causa delle sue frequenti crisi di nervi la famiglia la fece internare in un manicomio, in cui passò gli ultimi trent'anni della sua vita? Oggi puoi vedere le sue opere nei musei.***

Artista del gran mondo e icona fashion, crebbe circondata da donne e si sposò con un aristocratico. Rappresentò più di ogni altro l'epoca d'oro degli anni Venti del Novecento. I suoi quadri sono pura Art Déco. Viaggiò e visse in tutto il mondo: Parigi, Los Angeles e Messico, dove morì.

Lo saperi che

***sua figlia gettò le sue ceneri da un elicottero dentro il cratere di un vulcano, per esaudire l'ultimo desiderio di questa eccentrica pittrice?***

Pittrice e poetessa messicana. I suoi dipinti portano i segni dell'incidente che ebbe da giovane, e che la obbligò a passare moltissimo tempo a letto e a indossare scomodissimi busti. Frida e Diego Rivera frequentarono gli intellettuali e gli artisti dell'epoca e subirono entrambi l'influenza dell'arte indigena. Frida si fece tantissimi autoritratti, in cui esprimeva la propria sofferenza.

Lo saperi che

***la sua pittura ha ottenuto un riconoscimento mondiale solo dopo la sua morte, avvenuta nel 1970?***

# I FIORI
## PARLANO DI TE

### *M'ama o non m'ama?*

*Hai mai sfogliato una margherita? Se stacchi i petali uno a uno, alternando "m'ama" e "non m'ama", arrivata all'ultimo petalo avrai una risposta (molto poco) affidabile di quello che prova la persona che ti fa battere il cuore. Ma la margherita non è l'unico fiore che parla. Rose, peonie, violette hanno anche loro qualcosa da dire. E a Liseta parlano... continuamente. Vuoi sapere quello che dicono?*

- Se ricevi un papavero, sfiorirà in fretta. Il papavero non resiste a lungo dopo essere stato portato via dal luogo in cui è nato, cioè il campo. Questo fiore semplice è la rappresentazione del sogno. Chi te lo regala, ti vuol dire che sei una sognatrice!

- *La camelia è uno dei fiori più belli e dal profumo più intenso. Originaria del Giappone, ha grandi petali rosa e avorio, ed è l'espressione dell'amore eterno. Che romanticheria!*

- La bocca di leone è il fiore delle vanitose. Hai mai aperto i suoi petali con le dita? Prova a farlo. È un fiore piccolo ma molto speciale. Chi te lo regala ti considera una giocherellona.

- I fiori di ciliegio, uno degli spettacoli più belli della primavera, sono il simbolo del tempo che corre in fretta. Hai visto quanto poco durano sui rami degli alberi? Sbrigati ad ammirarli, perché un soffio di vento li porterà via.

- *Le dalie sono simbolo di fedeltà. Ne esistono di svariati colori con significati diversi. Un mazzo di dalie è il regalo di chi ti considera fedele.*

- **Ti regalano un vaso di ortensie? Occhio: sono bellissime, ma significano: capricci. Sei capricciosa? Non importa! Tu annaffia bene le ortensie, sistemale all'ombra e goditi i loro splendidi colori.**

- Se ti regalano la zagara, il fiore dell'arancio, quella con cui un tempo si confezionavano le coroncine delle spose, probabilmente non ne conoscono il significato, perché equivale quasi a una proposta di matrimonio.

- *L'iris sarebbe un regalo curioso: è il fiore della regalità, presente in molte insegne reali, ma rappresenta anche la fiamma e la forza della passione. E pensare che è un esemplare delicatissimo!*

- **Se qualcuno ti regala un girasole, il fiore che gira la testa verso il sole, ti sta dicendo che non riesce a staccare gli occhi da te. Insomma, ti adora!**

- E infine la margherita. Un mazzo di margherite significa che gli piaci. Per cui non hai bisogno di strappare i petali uno a uno per esserne sicura.

# Come creare il tuo orto urbano

Immagina come sarebbe mangiare un'insalata preparata con i pomodori e la lattuga coltivati da te, senza pesticidi e con un mucchio di vitamine e sali minerali! E raccogliere zucchine, peperoni, piselli o ravanelli direttamente dal tuo orto! **NON** è difficile, nemmeno se abiti in città. Puoi creare un orto urbano quasi ovunque, e se vivi nel verde sarà ancora più semplice. Devi solo consultare un calendario della semina, per vedere qual è il periodo migliore per ogni ortaggio. *Pronti... via!*

**1.** Scegli una zona del balcone o una finestra esposta al sole fin dal mattino.

**2.** Sistema una (o più) cassette fatte apposta per gli orti urbani. Le più comode sono quelle abbastanza alte, per lavorare e curare le piante senza doverti piegare.

**3.** Per favorire il drenaggio dell'acqua prepara uno strato di sassolini lasciando liberi i buchini sul fondo delle cassette. Puoi mettere una pietra per coprirli in parte, ma mai completamente, altrimenti l'acqua ristagnerebbe facendo marcire le radici.

**4.** Rimesta la terra e mescolala con del terriccio speciale concimato, ricco di minerali.

**5.** Pianta i semi direttamente nella terra. Per le piantine crea una piccola nicchia che puoi fare con una matita. Aggiungi della terra e compatta bene intorno.

**6.** Innaffia tutti i giorni, senza esagerare.

**7.** Controlla che le piante non vengano infestate da parassiti. Se succede, meglio eliminarli a mano, con attenzione.

**8.** Porta pazienza e aspetta che le piante crescano. Rimarrai sorpresa.

**9.** Buon raccolto e *buon appetito*!

# Russo per principianti: spasiba!

No, bisogna riconoscerlo: imparare il russo non è facile. Intanto il russo non si scrive con lo stesso alfabeto che usi tu, ma in caratteri cirillici. Ora, non è che devi arrivare a scrivere ***I fratelli Karamazov***, ma solo imparare a dire quattro cose in modo che ti si capisca.
Per esempio le frasi con cui vai dappertutto: "per favore" e "grazie".

*Possiamo provarci così:*

## 1. «PER PIACEROSKI! MILLE GRAZIOSKI.»

Agitando le mani e sorridendo a bocca aperta. E se hai un colbacco tanto meglio, darà l'impressione che, almeno, tu sia vestita alla russa.

**MAAALE. MALISSIMO.** In questo caso può succedere che:

**a.** Ti guardano strano e ti indicano il manicomio più vicino.

**b.** Ti danno un rublo pensando di aiutarti.

## 2. «SPASIBARISC! TOVARISC!» PASSABILE, MA...

Da dove viene quello ***spasibarisc***? No, non ti capiranno neanche così, ma forse penseranno che ti sei sforzata.

## 3. «ПОЖАЛУЙСТА, СПАСИБО».

Che si pronuncia: **«Pažálusta, spasíba»**.
**COSÌ VA BENE.**
Vuol dire che almeno controlliamo come si traducono le parole della nostra lingua, e con «per favore» e «grazie» riusciremo a muoverci in Russia con disinvoltura. ☺

# L'abc
## della moda secondo Liseta
### dalla A alla Z

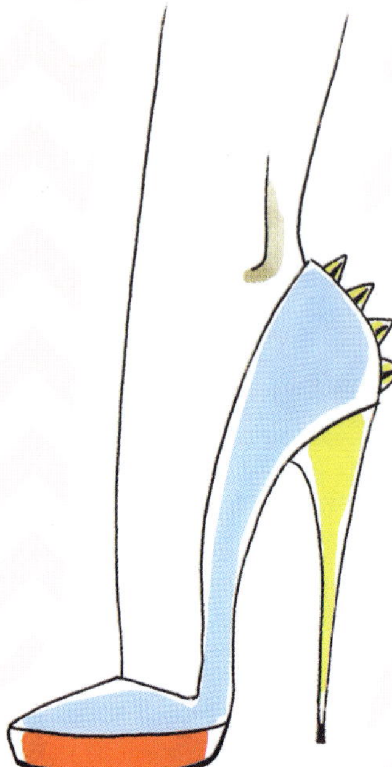

**Per parlare di moda, servono le parole giuste!**

## Stiletto

È un tipo di tacco affusolato e altissimo. Puoi riferirti a questo modello di scarpe chiamandole: *un paio di stiletto*.

Il tacco esiste anche in altre forme:

- *A rocchetto:* somiglia a un rocchetto di filo, largo alle estremità e stretto al centro.
- *A spillo:* ancora più sottile di quello a stiletto, termina con una punta strettissima.
- *Quadrato:* squadrato e massiccio. Molto comodo.
- *Kitten heels*: mezzo tacco sottile, tipico degli anni Sessanta.

# Tocco di classe

A volte basta un tocco di classe, un dettaglio raffinato, per fare la differenza. Un'acconciatura da cerimonia, per esempio. Accessori come piume, nastri, velette, fiori, in colori vivaci. Come i cappelli, valorizzano il viso e si abbinano all'abito regalando un aspetto molto chic. Si portano rigorosamente con un abito corto o da cocktail. Con un abito lungo sono difficili da abbinare, ma le donne particolarmente eleganti riescono anche a sfidare le regole e azzeccarci.

# Unico

Capi straordinari di cui viene prodotta una sola unità. A volte si tratta di una strategia per creare desiderio intorno a una marca o a un modello, e aumentare le vendite dei modelli prodotti in serie. Un modello unico diventa una preda ambitissima.

# Come fare un picnic nel parco

*(senza essere divorati dalle formiche)*

***Non c'è niente di meglio di mangiare all'aria aperta!***
E se riesci a finire il tuo pranzo senza far cadere a terra la frittata o essere sgranocchiata dagli insetti, ***meriti un 10***!

## I fondamentali

- Un cestino di vimini
- Una tovaglia a quadretti da stendere a terra (formiche sciò, non è per voi!)
- Piatti, bicchieri e posate di plastica
- Un thermos con acqua o succo di frutta freschi
- Insalata di riso, uova sode e un filone di pane. ***MMM!*** (Ho l'acquolina in bocca.)
- Frutta, se possibile in tinta con la tovaglia (questo lo aggiunge Liseta, ***eh eh eh***). L'anguria è sempre **PERFETTA**. Ma anche le ciliegie...

- Un po' di cioccolato per finire in bellezza. Una torta fatta in casa con la ricetta di Zoe! ***Sììì!***
- E poi la cosa più importante: quando finisci, raccogli i rifiuti in un sacchetto, porta via tutto e lascia il posto esattamente come l'hai trovato. Niente rifiuti lasciati in giro. ☹

# LOOK CHE HANNO FATTO STORIA

## Audrey Hepburn

*in Colazione da Tiffany*

**Indimenticabile.** Emblematico. Eterno. Il *look* di Holly Golightly, o meglio dell'attrice Audrey Hepburn, nel film *Colazione da Tiffany* è un'immagine impossibile da dimenticare.

Un semplice abito nero dello stilista Hubert de Givenchy, guanti neri lunghissimi, i capelli raccolti in uno chignon e grandi occhiali da sole neri anche quelli. Ecco uno dei migliori *look* della storia del cinema. *Ah! Memorabile!*

# Le piante e gli animali intorno a noi (parte 3)

## Olivo

Lo sapevi che esistono olivi nati prima dei nostri bisnonni? Alcuni di questi alberi hanno più di duemila anni! Pensa quante cose hanno visto! Questi giganti hanno un perimetro del tronco di quasi dieci metri e hanno resistito a tutto: alle malattie, al freddo, alle guerre. Ma anche al rischio di finire… nel caminetto! L'oliva, il frutto di questi alberi, è uno degli ingredienti fondamentali della dieta mediterranea.

## Ginestra

È quell'arbusto che vedi in campagna e a cui magari non hai mai fatto caso. Ha rami simili a steli, che in primavera si riempiono di fiori bianchi e soprattutto gialli. Ha bisogno di pochissima acqua ed è molto resistente, tanto che riesce a sopravvivere anche in ambienti apparentemente inospitali.

## Rosmarino

Pianta aromatica e arbustiva con piccoli fiorellini lilla, molto sfruttata sin dall'antichità tanto in cucina quanto nella medicina tradizionale e popolare. Anticamente si confezionavano coroncine intrecciando rami di rosmarino e di alloro. È tuttora molto usato in erboristeria e nei prodotti cosmetici.

## Leccio

Albero robusto e mediterraneo sempreverde, fiorisce ogni due anni. Il suo frutto è una ghianda. Una volta il legno di leccio era molto utilizzato per ricavare carbone, e tanti alberi sono stati abbattuti per questo. Un peccato perché queste piante crescono molto lentamente, nonostante alcuni esemplari vivano fino a quattrocento anni!

# SEI UNA *FASHION VICTIM*?

Definizione di *fashion victim*, o vittima della moda: anglicismo (cioè parola che viene dell'inglese) la cui invenzione è attribuita allo stilista Oscar de la Renta. È riferito alle persone che si spingono oltre i limiti dello stile e che sono "schiave" della moda. Un esempio di *fashion victim*? Liseta, senza dubbio. E Amanda, alla grande! Anche tu sei una *fashion victim*? Scoprilo con questo test.

### *1. Devi SCHIZZARE a scuola, ma ogni mattina:*

**a.** Prepari i libri, la merenda… e prendi la prima giacca che ti capita a tiro in caso faccia freddo.

**b.** Non ogni mattina! Ogni *SERA* controlli l'armadio da cima a fondo (e quello di tua madre, e di tua sorella, e della tua migliore amica) e prepari un outfit *spet-ta-co-la-re*.

**c.** Non ti svegli in tempo e fai tardi. *OOOPS!*

### *2. Hai un compleanno a cui tieni moltissimo:*

**a.** Cerchi il regalo perfetto per la tua amica perfetta. Ti vesti in cinque minuti, non vuoi arrivare in ritardo.

**b.** Hai già il regalo perfetto per la tua amica. L'hai preso un mese fa, come il completo che indosserai. Lascerai tutti a bocca aperta!

**c.** Compleanno? Oddio, me l'ero dimenticato! Nooo!!!

### *3. La tua maglietta preferita si è ristretta in lavatrice… e ora è più piccola di due taglie:*

**a.** La regali alla tua sorellina. A lei sta benissimo.

**b.** Hai una crisi isterica. Era una *SUPERFRY* autentica. Non sai se potrai sopravvivere.

**c.** *Ah!* Ma quella non era tua. Ops, e allora di chi è?

**Risposte:**
**Maggioranza di a:** Tranquilla, NON sei una *fashion victim*. **Maggioranza di b:** Rilassati un po'. La moda NON è così importante. E la risposta alla domanda se sei una *fashion victim* è SÌ. **Maggioranza di c:** Non sei una *fashion victim*, però sei un DISASTRO.

# Scarpe personalizzate

*Perché avere le stesse cose che portano tutti quando puoi fare la differenza con qualcosa di veramente originale? Uno dei modi più facili per dare un tocco speciale ai tuoi look è partire dalla scarpe. Personalizzare le tue sneakers sarà molto divertente. Ecco come!*

★ **Con stringhe colorate.**
Parti da un paio di scarpe bianche e cambia le stringhe con altre colorate. Puoi osare un colore diverso per scarpa, in base al tuo outfit. *Scarpe bianche, una con le stringhe rosse e l'altra con le stringhe blu? Perché no?*

★ **Con applicazioni a ricamo o con le perline.** Nelle mercerie vendono un sacco di toppe carinissime, ricamate a filo o con le perline. Applicale ai lati esterni con una colla speciale per stoffa o pelle, e scatena la fantasia. Una chitarra di jais nero e una mezza luna in glitter argentato? Staranno *UNA FAVOLA.*

★ **Con tempere e pennello.**
Prova con delle scarpe vecchie o con un paio in tela bianca. Disegna su carta quello che vuoi raffigurare, poi quando hai le idee chiare passa alle scarpe: riporta il disegno prima a matita, e poi completa l'opera con le tempere e il pennello. *Più è vistoso, meglio è!*

# Fonduta al cioccolato

Senza dubbio una delle ricette preferite di **TUTTA** la Banda. È facilissima da preparare, e poi… è strabuona! Non sai come si fa? Non preoccuparti, te lo insegno io. Metti il grembiule, tira fuori il cestino della frutta e il cioccolato e preparati… a spazzolare *TUTTO*!

- **1 tavoletta di cioccolato fondente**
- **1 tavoletta di cioccolato bianco**
- **Un po' d'acqua**
- **Banane**
- **Fragole**
- **Pere**
- **Ananas (questa frutta va benissimo, ma puoi farla anche con quella che hai in casa, basta che si riesca a tagliare a pezzetti grandi come una gomma da cancellare)**

In due pentolini, uno per il cioccolato fondente e l'altro per il cioccolato bianco, fai fondere le tavolette a fuoco lento, aggiungendo per ciascuna l'equivalente di un dito d'acqua.

Sbuccia e taglia la frutta a dadini.

Apparecchia la tavola con degli spiedini di legno o le forchettine da fonduta.

Versa il cioccolato in due ciotole, una per tipo.

Infilza la frutta negli spiedini e poi intingili nel cioccolato… *ECCEZIONALE!*

# *Per mangiare sano, riempi il piatto di colori*

Quante volte ti sei sentita ripetere che devi mangiare più frutta e verdura? Mille? Duemila? Un milione? Magari non così tante, ma quasi. Comunque sia, c'è un modo facilissimo di suddividere le vitamine e i sali minerali di cui abbiamo bisogno facendoci guidare dai colori... ***Colora il piatto e buon appetito!***

***Coloralo di rosso*** con pomodori, peperoni rossi, ravanelli... E poi ciliegie, fragole, lamponi e ribes rosso.
Sono antiossidanti grazie al loro contenuto di vitamina C e betacarotene. Inoltre contengono molta fibra, ottima per digerire bene gli alimenti.

***Coloralo di giallo***
con limoni e lime.
Lo sai già: sono ricchi di vitamina C, perfetta per prevenire l'influenza e il raffreddore.

***Coloralo di arancione***
con papaia, arance, albicocche, carote...
La frutta e la verdura di questo colore ti proteggeranno dalle malattie grazie al loro contenuto di vitamine A e C, e di minerali come potassio e magnesio. ***Meglio che prendere una pastiglia di vitamine ogni giorno!***

***Coloralo di verde***
con lattuga, peperoni, carciofi, spinaci, cavolo... e anche un po' di prezzemolo.
Contengono vitamine A, B e C, oltre a riboflavina, ferro e magnesio e altri composti che ti aiuteranno a crescere con una salute di ferro.

***Coloralo di viola*** con prugne, more, uva e mirtilli, tutti buonissimi e ricchi di polifenoli. E se sei più per il salato, dacci dentro con melanzane e cavolo rosso. Oltretutto sono squisiti.

# CHI LO PORTA MEGLIO?

Ecco il modo migliore di rovinare un meraviglioso abito di Palentino. Amanda Sigaret ci dà una lezione di cattivo gusto scegliendo i peggiori accessori possibili. Quegli stivali di pitone sopra il ginocchio sono inguardabili. *Terrificante!*

*Less is more.* Matilde fa centro con gli accessori minimalisti che le donano un look leggero e super elegante. *Brava Matilde!*

# CHI LO PORTA MEGLIO?

Non ci siamo ancora ripresi dallo shock di aver visto Amanda agli MTV Awards con quell'improbabile chiodo con le maniche di pelo fucsia abbinato a una gonna degradé. *Un look spaventoso!*

La semplicità vince sempre. Matilde abbina alla perfezione questa gonna lunga di Trucci con una semplice camicia in jeans. *Così si fa!*

# Look da film: indimenticabili!

### Rossella in *Via col vento* (1939)

Il film con i costumi forse più sontuosi della storia del cinema. Rossella O'Hara, il personaggio a cui ha dato vita Vivian Leigh, ha fatto sognare diverse generazioni di ragazze, con i suoi abiti, cappelli, ombrellini e guanti di pizzo. Tutti bellissimi. *Ah!* Persino a Liseta sarebbe piaciuto indossare abiti così, ma solo se glieli avesse disegnati Walter Plunkett.

### Gilda e il suo guanto (1946)

Un vero scandalo per l'epoca: la scena in cui Gilda, o Rita Hayworth, si toglieva uno dei guanti neri che le arrivavano appena sopra il gomito. Si deve a un costumista di Hollywood di nome Jean Louis la realizzazione di questo vestito iconico che non passerà mai di moda: l'abito senza spalline di raso nero. Come direbbe Liseta, *un must*!

## Annie Hall, stile a New York (1977)

Ruth Morley: fu lei ad adattare per il cinema lo stile casual di Diane Keaton, il cui nome è legato al personaggio di Annie Hall, protagonista di un famoso film di Woody Allen. Il risultato fu un mix di naturalezza e inconfondibile eleganza newyorkese. Con camicie e pantaloni di taglio maschile, gilet, cravatta allentata e cappello, il suo *look* ha fatto storia.

## Barbarella, la donna del futuro (1968)

A vestire una giovane Jane Fonda nei panni di Barbarella, un personaggio dei fumetti, ci pensò lo stilista Paco Rabanne. Questo outfit è una vera icona di modernità. Stivali alti, abiti metallici, tute in pelle molto aderenti… Furono scelte totalmente rivoluzionarie per l'epoca, in fatto di tessuti, materiali e forme.

# PICCOLA GUIDA PER GRANDI VIAGGIATORI

## *New York, New York*

*New York è una delle città più eccitanti al mondo, e Manhattan è il suo centro nevralgico. Le sue strade sono inconfondibili, con i tombini fumanti, i taxi gialli, lo street food, gli schermi giganti e le luci al neon. Fra l'altro i suoi quartieri ospitano una popolazione varia e multietnica al massimo! Noi andiamo pazzi per New York perché...*

- **Adoriamo i grattacieli come l'Empire State Building.** Raggiunge i 381 metri d'altezza ed è stato costruito quasi cent'anni fa, nel 1930. *Pazzesco!*
- **Per Central Park,** uno dei parchi più belli del mondo, con laghetti, casette, ponticelli… e anatre. È uno dei parchi più grandi al mondo che occupa, come dice il nome, la parte centrale della città.
- **Per la Statua della Libertà:** un regalo dei francesi agli americani per celebrare il centenario della loro indipendenza. Fa parte dello skyline di New York.
- **Per i suoi numerosi cinema e teatri,** che riempiono le strade di cartelli e schermi luminosi. *È come vivere perennemente dentro a un film!*
- **Per gli hot dog** che si possono mangiare a ogni angolo di strada. *Ad Álex viene l'acquolina in bocca al solo pensiero!*
- **Per queste e per tante altre cose,** *New York è il top!*

# L'abc

## *della moda secondo Liseta*

*dalla A alla Z*

**Per parlare di moda, servono le parole giuste!**

## VINTAGE

Questo anglicismo (parola inglese entrata nella lingua comune) significa che un capo o un accessorio ha una certa età, ma non è così antico da essere considerato un reperto. Un reperto sarebbe la redingote di un gentiluomo dell'Ottocento. Sono *vintage* gli abiti dagli anni Trenta in avanti, soprattutto quelli degli anni Sessanta, Settanta e Ottanta del Novecento.

## Wearable

Sono i dispositivi tecnologici che si possono indossare, come gli smartwatch che fanno anche da telefono e da macchina fotografica, o i vestiti che includono queste tecnologie, da indossare per ragioni che non sempre c'entrano con la moda.

## Xxl

Taglia extra-extralarge. Indossare capi molto grandi (un maglione che potresti aver rubato a un amico molto alto o molto grosso) fa tendenza. *Osa!*

# Celebrities... bestiali:

*animali famosi*

## La scimmietta Cita

In realtà non era una femmina, ma un maschio. Infatti lo scimpanzé che faceva da compagno fedele a Tarzan nella versione originale del film (tratto dai romanzi di Edgar Rice Burroughs) si chiamava Cheetah.

## Black Beauty

Era il cavallo protagonista di uno dei libri sugli animali più belli di sempre, il romanzo di Anna Sewell. La storia è raccontata in prima persona, come se fosse Black Beauty a narrare le proprie avventure.

## La pecora Dolly

Nacque nel Regno Unito nel 1996 ed era un animale reale. Dolly fu il primo mammifero nato da una clonazione, cioè creato a partire da una cellula e non da un ovulo fecondato da uno spermatozoo come tutti gli altri. Sembra fantascienza, ma NON lo è.

## L'orsetto Teddy

Teddy bear: così si chiama in inglese l'orsacchiotto di peluche. Questa parola composta nasce dall'aneddoto che ebbe come protagonista un presidente degli Stati Uniti, Theodore (da cui "teddy") Roosevelt. All'inizio del XX secolo, durante una battuta di caccia, il presidente si rifiutò di sparare a un orso (in inglese "bear") pur avendolo sotto tiro. Ben fatto!

# REGOLE FONDAMENTALI DELLA STRADA

Anche se ancora non guidi la macchina, non è mai troppo presto per imparare le regole della strada. In fondo anche i pedoni non possono camminare a casaccio e devono rispettarle. Neppure se vai in bicicletta puoi fare quello che vuoi. Non puoi certo salire sui marciapiedi rischiando di investire qualcuno!

Queste regole valgono anche per i ciclisti. *E ricorda: prima di attraversare la strada guarda sempre da entrambe le parti.* ☺

### *Quando cammini,*

occhio ai semafori. Attraversa sempre quando è verde, né prima né dopo. Aspetta davanti alle strisce pedonali finché non sei sicura di poter passare.

### *Quando percorri una strada a piedi,*

indossa sempre un gilet catarifrangente in modo da essere ben visibile. Cammina sempre in senso opposto a quello delle auto. In questo modo le vedrai arrivare.

### *Se vai in bicicletta o in moto,*

tieni sempre i fari accesi: quelli anteriori e quelli posteriori. È quasi più importante che gli altri vedano te piuttosto che tu veda loro. Muoviti tenendo la destra per evitare scontri frontali, i più pericolosi. Avvisa sempre prima di fare qualsiasi manovra. Dai la precedenza in presenza del segnale apposito e fermati agli **STOP**.

Dai la precedenza a chi viene da destra. Il resto lo sai già: molta prudenza e velocità moderata.

*È un consiglio della Direzione Generale per la Sicurezza stradale a cura della Banda di Zoe.* ☺

# LO STILE DI REGINE E PRINCIPESSE

(secondo Amanda)

## L'imperatrice Giuseppina

### e lo stile impero

Moglie di Napoleone Bonaparte e imperatrice di Francia, non apparteneva all'aristocrazia che viveva a Parigi. Invece Giuseppina era nata in Martinica e aveva conservato il gusto per le stoffe leggere, i fiori e gli scialli.

Lo sapevi che

***abbandonò il corsetto, che non permetteva di respirare, e fece diventare di moda il taglio impero, appena sotto il seno?***

## Sissi, o l'ossessione per la bellezza

Elisabeth Amalie Eugenie von Wittelsbach, duchessa di Baviera e imperatrice d'Austria-Ungheria, trascorse l'infanzia in campagna, lontana dalle formalità della corte austro-ungarica. Un giorno accompagnò la sorella a conoscere il principe Francesco Giuseppe, con cui avrebbe dovuto sposarsi, ma alla fine fu lui a innamorarsi di lei e a sposarla.

Lo sapevi che

***Sissi è stata una delle regine più eleganti della storia? Venne vestita dai sarti più famosi dell'epoca, come Worth. Era così ossessionata dalla bellezza che a un certo punto non volle più essere fotografata.***

## Eugenia de Montijo,
### e il suo cappello Eugénie

La spagnola Maria Eugenia Palafox Portocarrero y Kirkpatrick, nota come Eugenia de Montijo, non è stata solo l'imperatrice di Francia ma anche una delle donne che hanno creato lo stile della sua epoca.

**Lo sapevi che**

***ha dato il nome a un cappello? Diventato popolarissimo negli anni Trenta grazie all'attrice Greta Garbo, il cappello Eugénie scendeva fin sugli occhi ed era decorato da una piuma di struzzo.***

## Amanda Sigaret I... Come scusa?

Sovrana senza corona, ma decisa a consacrarsi regina di eleganza, ha uno stile fatto di *fantasie animalier*, tacchi vertiginosi, cappelli giganteschi, occhiali scuri e accessori luccicanti, meglio ancora se costosi.

**Lo sapevi che**

***Amanda ama da morire gli animali (sotto forma di pellicce) e non veste mai in modo sobrio? Nel suo armadio ha solo capi di alta moda. E per viaggiare ha una collezione di valigie che basterebbe per i passeggeri di tutto un autobus. Questo è lo stile della regina dell'eleganza Amanda Sigaret!***

# *Outfit da sogno di Matilde*

### Stravaganza chic

Bustino a stampa geometrica e gonna a ruota color verde acqua. Perfetto per una serata molto speciale.

### Total white

Il bianco è sempre una garanzia. Perfetto per uscire a pranzo con le amiche. Semplice ed elegante. Non sbagli mai. Vale un bel 10.

### La signora in rosso

Chi non si è mai fatta tentare da un abito rosso? Se vuoi essere al centro dell'attenzione, il rosso è il tuo miglior alleato. Divertiti!

### Stile Impero

Le pieghe e lo stile a tunica stanno bene a tutte e in tutte le occasioni. Matilde, con il suo vestito sciancrato in vita e scollatura a V è... spettacolare!

# COME STANNO LE BAMBINE NEL MONDO

## Lo sai che... andare a scuola è una grande fortuna?

*Sì, hai letto bene. Perché nel mondo più di sessanta milioni di bambine non possono farlo, e non perché non vogliano andare a scuola, ma perché non ne hanno la possibilità. Nei paesi più poveri, viene favorita l'istruzione dei maschi a svantaggio di quella delle bambine. Ma ancor più spesso sia i bambini sia le bambine sono esclusi dalla scolarizzazione.*

*Non andare a scuola ha parecchie conseguenze negative. Non credere che stare senza compiti da fare sia un lusso, perché non è così (anche se non sarebbe male averne un po' meno). Le bambine che non vanno a scuola lavorano infatti come gli adulti, in casa o fuori.*

- Si prendono cura dei fratelli.
- Percorrono lunghe distanze per cercare acqua o cibo.
- Dovendo andare da sole in posti isolati si espongono a molti rischi.
- A volte sono obbligate a sposarsi senza volerlo, praticamente quasi bambine. E ad avere figli subito dopo!
- Una volta sposate, dipendono dalla famiglia del marito e diventano schiave senza decidere della propria vita.

## E lo sai perché è fantastico che le bambine vadano a scuola?

- Perché se sono istruite si sposano e hanno figli al momento giusto, cioè da adulte.
- Per ogni anno di studio, si abbassa il tasso di mortalità dei figli che avranno. Ok, sembra una cosa complicata, invece è semplice: le madri più istruite possono far fronte ai problemi dei figli meglio delle madri che non hanno avuto la possibilità di studiare. È logico, no?
- Perché i loro figli, essendo accuditi meglio, avranno un futuro migliore.
- Perché le donne più istruite godono di indipendenza economica, e questo in molti casi vuol dire libertà di decidere cosa fare della propria vita.
- Perché i Paesi in cui le donne sono più istruite hanno un tasso di ricchezza più elevato.
- Perché una generazione di donne che ha frequentato la scuola e l'università è in grado di cambiare un Paese, e quindi il mondo intero.

***Per questo non lamentarti quando devi andare a scuola!***

# Che cooosaaa?

## *Distopia: il genere che ti piace leggere ma che non vorresti mai fosse reale.*

*Uh! Distopia?* Sì, hai letto bene. Magari ti suonerà strano, ma quando saprai di che cosa si tratta ti dirà qualcosa di sicuro. Distopica è una società futura e fittizia (cioè inventata) in cui gli esseri umani vivono in uno stato di alienazione. Altra parola da cercare nel dizionario!

Nella letteratura e nel cinema esistono molti esempi di storie che si svolgono nel futuro, in società poste sotto il dominio di macchine o di un gruppo di persone cattive che potrebbe governare e controllare le nostre vite fin nei minimi particolari. *È una prospettiva TERRIFICANTE!*

Molte opere letterarie e cinematografiche utilizzano la distopia per ricreare mondi futuri e spaventosi, in cui gli esseri umani non hanno alcuna capacità di decisione. I primi e più importanti libri appartenenti a questo genere sono *Il mondo nuovo*, di Aldoux Huxley, e *1984*, di George Orwell. A te vengono di sicuro in mente *Hunger Games* o *Divergent*.

Le distopie hanno una chiara relazione con il momento in cui vengono scritte. Le società sottoposte a cambiamenti hanno bisogno di liberarsi delle proprie paure più profonde, affidandole a opere di narrativa. Una società in cui l'uomo è una marionetta senza volontà… ci farebbe molta paura. Per questo le distopie ci piacciono: ma solo nei libri o nei film.

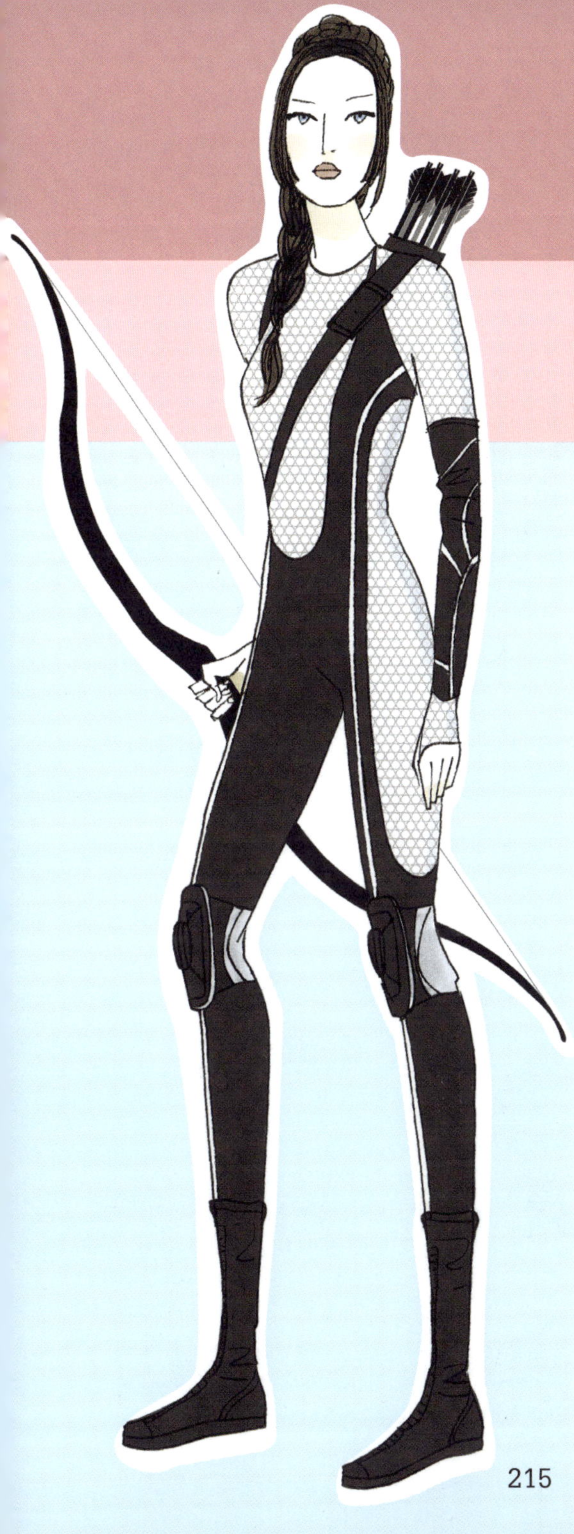

# LOOK CHE HANNO FATTO STORIA

## *Katniss Everdeen*

*in Hunger Games*

Jennifer Lawrence interpreta Katniss Everdeen, la protagonista della trilogia di *Hunger Games*.

La storia si ispira a un mito classico, quello del **labirinto di Teseo** e **il Minotauro**, e anche se si svolge in un futuro piuttosto cupo, ha molti riferimenti al passato. Esiste un forte contrasto tra gli abiti di coloro che comandano e quelli più semplici dei giovani e della gente comune. Per capirci, è una mescolanza tra abiti di mille anni prima e di mille anni dopo, quando (secondo la letteratura e i film di fantascienza) non sarà più così facile andare a fare shopping sulla Terra.

# Guarda che capelli!

## L'EVOLUZIONE DELLE ACCONCIATURE ATTRAVERSO I SECOLI

### Epoca romana

In epoca romana le donne sposate e le madri di famiglia portavano i capelli intrecciati e raccolti. Le donne di origine patrizia, appartenenti all'aristocrazia romana, ritenevano che portare un'acconciatura più voluminosa desse loro un tocco di distinzione.

**Lo sapevi che**

*è stata l'epoca d'oro delle acconciature, che cambiavano secondo le tendenze imposte da regine, imperatrici e dalle donne delle famiglie più in vista?*

**Lo sapevi che**

*si depilavano le sopracciglia, eliminandole, per avere la fronte più libera? Lo consideravano il top della bellezza. CHE STRAMBERIA!*

### Medioevo

Nella tarda antichità, le giovani donne potevano portare i capelli lunghi e sciolti, ma appena si sposavano dovevano coprirli con una cuffia. Qualche anno dopo si impose la moda di portarli acconciati in due trecce ai lati del viso e divisi dalla scriminatura al centro.

## Il Settecento

Fu l'epoca delle superparrucche. I contadini e la gente comune portavano i capelli sciolti o raccolti, senza pettinarli, mentre gli aristocratici e le persone di corte, in Francia e Inghilterra, indossavano parrucche di dimensioni straordinarie. Le signore più eleganti avevano parrucche alte quasi un metro, che provocavano loro dei terribili mal di testa. Inoltre le portavano incipriate perché i capelli risultassero di un bel colore bianco. Naturalmente non si lavavano quasi mai (per non dire mai!) i veri capelli sotto la parrucca.

**Lo sapevi che**

*le parrucche venivano usate, tra le altre cose, per nascondere i pidocchi? Le signore facevano fronte al prurito del cuoio capelluto grattandosi con lunghi bastoncini. Eleganti... ma pidocchiose.*

## Gli anni Settanta

Negli Sessanta e Settanta del Novecento vi fu una vera e propria trasformazione del look, ma gli anni Settanta in particolare furono una vera rivoluzione in tema di capelli. Venivano lasciati sciolti, liberi, al punto di diventare il simbolo di tutta una generazione. Le chiome divennero lunghissime, gli uomini tornarono ad avere i capelli lunghi e i capelli si trasformarono in un simbolo della liberazione, di pari passo con gli abiti e le abitudini.

**Lo sapevi che**

*vi fu persino un musical, Hair (cioè "capelli"), dedicato a quel simbolo di libertà?*

# SAI PRENDERTI CURA DI UN ANIMALE?

Gli animali non sono giocattoli. Scommetto che l'hai sentito dire tante volte. Non c'è niente di più vero. Se hai la fortuna di avere un amico (o più amici) a quattro zampe saprai il perché. Per avere un peloso bisogna essere consapevoli degli obblighi che comporta. Lanciare una palla per farsela riportare, o accarezzare il tuo gatto mentre fa le fusa è soltanto una parte di un impegno più grande!

**1. *Stai guardando la tua serie preferita e devi portare il tuo cane a fare la passeggiata del pomeriggio.***

**a**. Dici a tuo fratello di andare lui; tu sei davvero presa.

**b.** Lasci tutto ed esci di corsa: non *vedevi l'ora*!

**c.** Te ne sei dimenticata, eri troppo concentrata… *Ooops, scusate! Vabbé, lo porterai domani!*

**2. *I cani hanno bisogno di:***

**a.** Quasi nulla, un po' di cibo ogni tanto.

**b.** Molto: affetto, attenzione, e poi cibo, acqua, cura del pelo, essere liberati dalle zecche, essere portati dal veterinario, giocare… *un sacco di cose*!

**c.** Una palla per giocare, e sei a posto!

**3. *I gatti sono degli ottimi animali domestici perché:***

**a.** Hanno sette vite, quindi durano un sacco.

**b.** Sono indipendenti ma anche affettuosi, puliti e molto fedeli.

**c.** Perché sì, ce ne sono tantissimi, *no?*

**Risposte:**

**Maggioranza di a:** Per ora comincia ad abituarti agli animali, e quando sarai pronta prova con un pesce.

**Maggioranza di b:** Gli animali sono amici tuoi. Con te staranno benissimo.

**Maggioranza di c:** Hai mai pensato a un animale di peluche? È l'ideale per chi non ha esperienza.

# Storie... bestiali

## Gli animali più famosi, tra storia e leggenda

Nei libri di storia ci sono parecchi animali: alcuni reali, altri entrati nella leggenda, e altri ancora di pura fantasia. Conosci la storia della lupa di Roma, del cavallo di Attila o del pappagallo che visse più di cent'anni?

### Lupa capitolina,

la lupa più famosa della storia, che allattò i gemelli Romolo e Remo, fondatori della città di Roma. Narra la leggenda che i due furono cresciuti proprio da una lupa, prima di essere trovati da un pastore e dalla moglie. La lupa è raffigurata in una statua dei Musei Capitolini.

### Charlie,

il pappagallo più famoso della storia apparteneva a Winston Churchill, primo ministro britannico nella Seconda Guerra Mondiale. Churchill insegnò al pappagallo a imprecare contro Adolf Hitler, e pare che il pennuto avesse imparato alla svelta e bene.
La leggenda assicura che visse più di cent'anni, e che non smise mai di insultare Hitler. Non era proprio un pappagallo, ma una "pappagalla".

I cavalli più famosi della storia sono stati **Incitatus,** il cavallo che l'imperatore Caligola nominò senatore (che pazzia!), **Othar,** il cavallo di Attila, e **Bucefalo,** l'imponente cavallo di Alessandro Magno, che lo accompagnò in tutte le sue battaglie trionfali.

# MISSIONE GLAMOUR

## *Come presentarsi a un festival*

### COACHELLA

Festival californiano che si svolge ad aprile. Gilet con le frange, top con spalline, short e collane oppure abito a fiori stile hippy: Coachella è un viaggio negli anni Settanta, rivisti e corretti. *Flower power* a manetta!

### FUJI ROCK

Si svolge in Giappone, e ad alcune edizioni hanno partecipato più di 100.000 persone. I gruppi giapponesi più importanti si danno appuntamento al Naeba Ski Resort, dove si tiene.

Dimentica il kimono e buttati su un abbigliamento super moderno!

## GLASTONBURY

Gli stivali di gomma sono un must! Il festival British per eccellenza gode di un clima molto umido. Nel migliore dei casi, sarà una pioggerellina; nel peggiore, fango fino alle ginocchia. Qualunque cosa tu decida di metterti, non dimenticare gli stivali da pioggia e l'impermeabile.

## PRIMAVERA SOUND

L'appuntamento musicale di Barcellona è l'ideale per sfoggiare un look festivaliero con gilet, short, sneakers o sandali. Irrinunciabili gli occhiali da sole, o resterai abbagliata dalla luce mediterranea. Il look è importante, ma la musica lo è di più!

# CHECK LIST: RITORNO A SCUOLA

## *Prima o poi viene il momento!*

Tutti gli anni la stessa storia. Quando finisce l'estate bisogna tornare in classe. Ma già che si deve, tanto vale farlo al meglio. E poi, dai, non è poi così male. È fantastico rivedere i compagni. E ci sono tante cose nuove da imparare! Con un po' d'impegno, tornare a scuola può essere uno dei momenti più belli dell'anno. Controlla la lista e

*BUON DIVERTIMENTO!*

- ✔ *Controlla di avere tutto, non ridurti all'ultimo momento. Se ti manca qualcosa non lasciare che sia troppo tardi.*
- ✔ *Prima cosa: guarda se c'è qualcosa che puoi riciclare dagli anni precedenti, sia tra le tue cose che tra quelle dei tuoi fratelli e amici più grandi. Il discorso vale anche per i vestiti, l'attrezzatura sportiva e i libri. Per questo è importante trattarli con cura, perché possono (e devono) servire ad altri dopo di te.*
- ✔ *Prepara uno zaino o una borsa dove mettere i libri, l'astuccio e le cose di cui avrai bisogno (quaderni, cartellette, raccoglitori, ecc.) e assicurati che sia del tipo che vogliono i tuoi insegnanti.*
- ✔ *Comincia ad abituarti ai nuovi orari almeno una settimana prima. Si sa che durante le vacanze possiamo allungare la giornata, ma una volta che le lezioni ricominciano conviene andare a letto presto. Lo sapevi che le ore che dormi prima di mezzanotte ti riposano il doppio? Non sappiamo se questa teoria di Liseta è vera, ma lei ASSICURA di sì.*
- ✔ *Prepara la sera prima i vestiti e tutto quello che devi portare a scuola. Punta la sveglia... e sogni d'oro! Hai davanti a te un nuovo anno scolastico. Sfruttalo al meglio!*

# *Swahili per principianti*

## HAKUNA MATATA

Ti piace viaggiare? Se è così, il Kenya e la Tanzania non possono rimanere fuori dai programmi dei tuoi prossimi viaggi. Il mondo è grande, hai tutta la vita per girarlo, e quale modo migliore per farlo se non parlando la lingua di quei paesi? Però se credi che dire **JAMBO** e **HAKUNA MATATA** sia sufficiente, ti sbagli di grosso. Immagina di voler salutare un nuovo amico.

*Puoi provare così:*

### 1. «HAKUNA MATATA! JA, JA, JA, JAMBO, JAMBO, HAKUNA MATATA!»

Per quanto ti possa impegnare a ripetere le uniche parole in swahili che conosci, non riuscirai a dire quello che vuoi. Hai ripetuto **«senza pensieri, senza pensieri»** e manca poco ti metta a cantare… Così non va.

**MALE. VERAMENTE SCARSO.**

In questo caso può succedere che:

**a.** Si mettono a canticchiare la canzoncina con te e vi mettete tutti a ballare. Be', anche quello è un modo di comunicare…

**b.** Ti rispondano «Hakuna Matata» e vi mettete tutti… senza pensieri.

### 2. «HELLOOU MAI FREND, HAKUNATO MATATATO!»

**PASSABILE, MA…**

Che vuol dire questo cocktail micidiale di swah-english? Magari si capisce anche **QUALCOSA**, ma di swahili neanche l'ombra.

### 3. «JAMBO, HABARI GANI.»

**OTTIMO LAVORO!**

Stai salutando come si deve, dicendo: «Ciao, come va?». Sicuramente ti risponderanno «Nzuri sana, asante», che vuol dire **«MOLTO BENE, GRAZIE»**. A questo punto potrete avviare una conversazione. Ma il resto sta a te. ☺

# NO *al bullismo*

## *E che cosa vuol dire?*

Forse ultimamente avrai sentito ripetere la parola bullismo, oppure *bullying*. **Che cosa significa?** È una situazione in cui qualcuno se la prende sistematicamente con qualcun altro, a scuola o da qualsiasi altra parte.

Il bullo, che può essere un maschio o una femmina, trova sempre una ragione (sbagliata) per il suo **orribile comportamento**: se la prende con qualcuno perché è più basso o più alto, perché studia troppo o troppo poco, perché prende voti migliori o peggiori. Per qualsiasi ragione (anzi, *ASSURDITÀ*) venga in mente al *bulletto* di turno.

Il bullismo può essere portato avanti da un individuo verso un altro o da un intero gruppo contro una sola persona. E **ci sono tanti modi di bullizzare qualcuno**: con insulti, diffondendo commenti cattivi o ridicoli sul suo conto, ridendogli in faccia o umiliandolo in rete, rubandogli le sue cose o persino arrivando a picchiarlo e a intimidirlo. È un comportamento *INACCETTABILE. ORRIBILE. TREMENDO.*

**Non dobbiamo mai partecipare a cose del genere,** e se vediamo che succedono, la prima cosa è **raccontarle** ai nostri genitori, a uno psicologo della scuola o a un insegnante con cui abbiamo confidenza. *OCCHIO:* **questo non vuol dire essere spioni,** ma difenderci da chi agisce *MALE*. Non possiamo restare in silenzio: il silenzio infatti copre le malefatte e la dà vinta ai bulli.

## IL SILENZIO È COMPLICE

**Come facciamo a sapere se qualcuno dei nostri amici subisce atti di bullismo a scuola?** Nella maggior parte dei casi, i ragazzi lo nascondono agli amici, alla famiglia e agli insegnanti perché si vergognano. Per colpa dei bulli, arrivano a credere che le cose per cui vengono presi in giro siano vere e hanno paura, nel confidarsi, di farsi scoprire deboli.

*Ma NON È VERO!*

*Dobbiamo stare MOLTO ATTENTI!* I segnali che possono farci capire che uno dei **nostri amici è VITTIMA DI BULLISMO sono:**

- Non vuole *ASSOLUTAMENTE* andare a scuola.
- È sempre *TRISTE*, cerca di evitare la nostra compagnia e quella degli altri.
- Non vuole andare in *CORTILE*.
- Non vede l'ora di tornare a casa il più velocemente possibile e sceglie ogni giorno un percorso diverso.
- Prende *BRUTTI* voti, mentre prima non aveva problemi.
- Non vuole partecipare a *NESSUNA ATTIVITÀ EXTRASCOLASTICA* per la quale ci sia bisogno di uscire dalla scuola, andare in autobus o incontrarsi con un gruppo più numeroso di compagni o con ragazzi più grandi.
- Si lamenta dicendo di trovarsi *MALE*.
- Rubano e danneggiano le sue cose, spesso *SENZA MOTIVO*.

Il bullismo a scuola è molto, troppo frequente. A volte ne siamo testimoni ma non facciamo niente, per paura che se la prendano anche con noi. **Avere paura è NORMALE, ma non dobbiamo lasciare che la paura ci schiacci**. Oltre a parlare con i genitori o gli insegnanti di quello che abbiamo visto, possiamo anche provare a rendere più forte la persona che subisce gli atti di bullismo, **offrendole solidarietà e amicizia.** Se i bulli vedono che la loro vittima ha il nostro appoggio, smetteranno di darle fastidio.

E se sei tu a **subire atti di bullismo**, non pensarci due volte: raccontalo subito ai tuoi genitori, ai tuoi amici, ai tuoi insegnanti… Non fargliela passare liscia. I bulli non *MERITANO* di averla vinta! Sono loro a *SBAGLIARE*.

*Tutti insieme possiamo sconfiggere il bullismo!*

# QUAL È L'ANIMALE GIUSTO PER TE?

Sentiamo un po'… Hai animali in casa, o vorresti averne? Sei più tipo da cane o da gatto? Pensi che un maialino vietnamita ti farebbe compagnia meglio di un gatto d'angora? O che i pesci rossi siano affettuosi quanto un Labrador? Scopri qual è il tuo animale ideale con il nostro test e, soprattutto, prenditi cura di lui.

### 1. Gli uccelli stanno bene...

**a.** in campagna, sui rami degli alberi, liberi e felici.

**b.** nella loro gabbietta, dove puoi dargli il mangime e cambiargli l'acqua. *Sono così carini e cantano tanto bene!*

**c.** dunque , gli uccelli… Sono quegli animaletti che volano e mangiano i lombrichi, *giusto?*

### 2. Il maialino vietnamita è...

**a.** un animale da compagnia carinissimo, affettuoso e pulito.

**b.** un involtino speciale che fanno nei ristoranti asiatici. Con la salsa agrodolce è *super... Gnam!*

**c.** un maiale allevato in fattoria in Vietnam?

### 3. Tra i cani e i gatti...

**a.** preferisco i cani perché sono fedeli e obbedienti, e anche affettuosi.

**b.** preferisco i gatti perché sono indipendenti e pulitissimi (e poi non devo tirargli la palla in continuazione).

**c.** li voglio tutti e due! *Posso?*

**Risposte:**

**1.** Se hai risposto a o b, un canarino potrebbe piacerti di sicuro.

**2.** Se hai scelto la b o la c, meglio lasciar perdere il maialino vietnamita e concentrarti su un altro animale qualsiasi.

**3.** Sei un tipo da cane se hai scelto la a, da gatto se hai scelto la b e da qualsiasi essere vivente se hai scelto la c.

# Geni (e star)

## Leonardo e Nikola Tesla: due visionari

### Leonardo Da Vinci

È stato un inventore instancabile e nei suoi progetti immaginava macchine e congegni bizzarri. Pensa che sono diventati realtà soltanto alcuni secoli più avanti! Leonardo ci ha lasciato disegni di apparecchi che assomigliano ai nostri elicotteri e alle nostre automobili. Tra i suoi progetti c'è anche una bicicletta uguale a quelle che usiamo noi.

#### Lo sapevi che

***ci sono stati pochissimi geni della statura di Leonardo? Oltre a essere un grande pittore e scultore (è sua la famosissima Monna Lisa), è stato architetto, ingegnere, scienziato, musicista, poeta, urbanista e botanico. Una figura davvero unica del Rinascimento italiano!***

### Nikola Tesla

Nikola Tesla era un ingegnere e scienziato del secolo scorso, a cui si devono tante invenzioni che hanno segnato il progresso negli ultimi cento anni. Sfortunatamente, si occupava di metterle a punto, ma non di promuoverle, motivo per cui molti dei suoi successi sono stati attribuiti ad altri. Solo di recente la figura di Nikola Tesla ha ricevuto il riconoscimento che merita.

#### Lo sapevi che

***Tesla pose le fondamenta del sistema di trasmissione senza fili che è alla base della radio? In realtà, a ricevere il Premio Nobel per quell'invenzione fu l'italiano Guglielmo Marconi, ma vi fu una lunga polemica (non ancora placata) legata al sospetto che Marconi avesse "rubato" l'idea al collega.***

# PICCOLA GUIDA PER GRANDI VIAGGIATORI

## *Il top di Nairobi*

*Nairobi è un gioiello incastonato al centro dell'Africa. Un antico accampamento per i costruttori della ferrovia si è rapidamente trasformato in una delle più importanti capitali del continente, legata ai costumi locali ma anche al passo con i tempi. Nairobi è una delle città preferite della Banda. Sai perché?*

- **Perché Nairobi è una capitale moderna,** ma circondata da una natura lussureggiante. Nel Parco Nazionale di Nairobi, a solo un quarto d'ora dal centro, troviamo tutta la fauna africana, nessuno escluso. Dai *leoni ai ghepardi, passando per le zebre, le giraffe e gli elefanti.* Persino i pochi rinoceronti rimasti vivono qui.

- **Perché lì c'è la casa in cui visse la scrittrice Karen Blixen** (o Isak / Karen Dinesen). La fattoria africana in cui si trasferì a coltivare caffè lontano dalla sua Danimarca si può ancora visitare.
- **Perché l'Africa a Nairobi è verde,** grazie alla vegetazione che circonda la capitale. Le colline di Ngong, a sud-ovest della città, sono in effetti uno dei paesaggi più belli al mondo.
- **Perché la capitale sorge accanto al fiume Nairobi,** il cui nome in swahili indica il luogo in cui scorre l'acqua fresca e cristallina.
- **Perché l'università di Nairobi è la più antica del Kenya.**
- **Per i parchi e gli orfanotrofi degli animali,** come quello destinato ai cuccioli di elefante e alle giraffe. In Kenya gli animali sono trattati da re.
- **Perché la sua popolazione è composita e multiculturale:** è una mescolanza di popolazioni indigene (come i Kikuyu e i Masai, discendenti dei britannici che fondarono la città) e pakistani e sudanesi arrivati più tardi per lavorare nella costruzione della ferrovia.
- **E per gli elefanti, le giraffe, le gazzelle e i bufali!** Sono keniani doc!

# Che cos'è il dress code?

DRESS CODE PER: OCCASIONE FORMALE DA BRAVA BAMBINA

*SÌ O NO?*

**Vestitino a nido d'ape.**
**Calzettoni. Scarpe alla bebè.**
**Nastro tra i capelli.** *Bleah!*

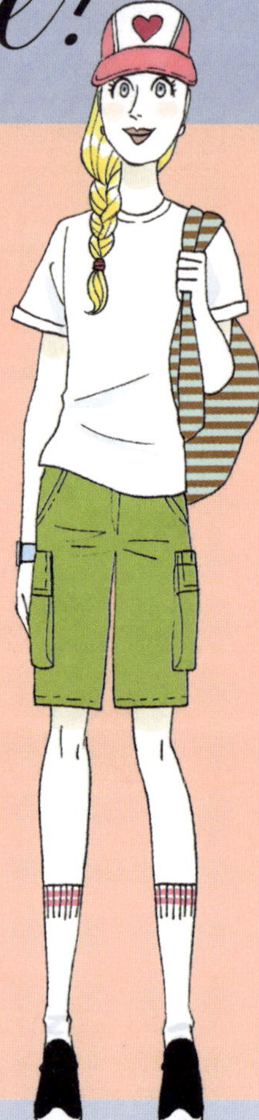

DRESS CODE PER: GITA SCOLASTICA

*SÌ O NO?*

**Cappellino anti colpo di sole.**
**T-Shirt in cotone antimacchia.**
**Pantaloni corti comodi e con tasconi per custodire biscotti e animaletti.**
**Calze con cuciture antivesciche. Scarpe da trekking.** *Sììì!*

*Non andrai a una festa con lo stesso outfit che sfoggeresti per andare in gita, vero? E non ti sogneresti di passare dalla nonna con i vestiti che metti per uscire con gli amici, giusto? Per ogni occasione c'è uno stile di abbigliamento. Ecco, il dress code è proprio questo: un codice di abbigliamento adatto a ogni circostanza. Il che non vuol dire che tu lo debba seguire proprio alla lettera. Ognuno ha il diritto di esprimere la propria personalità. Rispettare o meno il dress code dipende esclusivamente da te!*

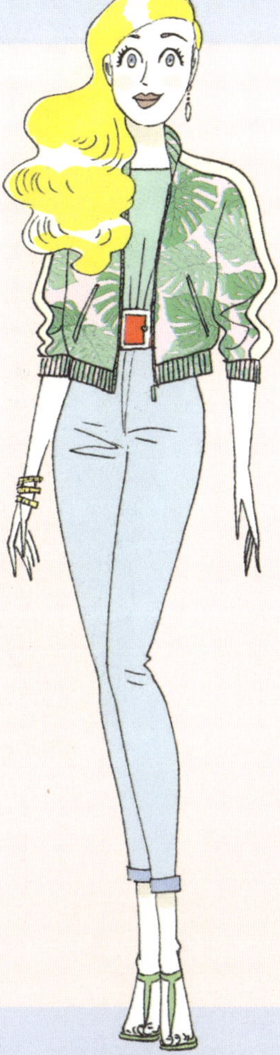

DRESS CODE PER: MEGAPARTY

*SÌ O NO?*

**Top supermegacool. Pantalone spaziaaale. Giubbotto ipertrendy. Capelli scompigliati.** *YEAHHH!*

DRESS CODE PER: HALLOWEEN

*SÌ O NO?*

**Denti da vampira con sangue finto. Vestito nero fino ai piedi. Parrucca con ciocche nere. Make up bianco con labbra insanguinate...** *Terrificante!*

# Storia delle donne: cronologia

## Ne abbiamo fatta di strada, ragazze!

### 1914

### Accorciarsi i capelli (e la gonna)

Negli anni Venti Coco Chanel rivoluzionò il modo di vestire, facendo diventare di moda i **pantaloni e i capi comodi**, ideali per essere attive, potersi muovere e VIVERE.

Le donne abbandonarono i loro abiti pesanti e antiquati e iniziarono a vestirsi secondo i dettami dei tempi moderni.

La Prima Guerra Mondiale (e la morte di milioni di uomini al fronte) fece sì che le donne smettessero di essere esclusivamente casalinghe o **signore dedite alla vita sociale, ma prendessero parte anche alla vita politica e lavorativa**.

Le gonne lunghe, i vestiti eccentrici e i cappelli enormi si trasformarono di conseguenza: le gonne diventarono più corte, a metà polpaccio; i cappelli rimpicciolirono; i capelli vennero tagliati *a la garçonne* (alla maschietta) e **cominciò una nuova era**.

### 1948

### Vogliamo votare

Fino a non molto tempo fa le donne NON potevano votare! Il primo governo in assoluto a riconoscere il diritto di voto alle donne è stato quello delle Isole Pitcairn, che facevano parte dell'Impero Britannico. Correva l'anno 1838. In **Europa le prime donne a votare furono le finlandesi, nel 1907**, mentre in Italia conquistarono il diritto di voto solo nel 1946.

Finalmente, **nel 1948**, la Dichiarazione Universale dei Diritti Umani riconobbe ufficialmente il SUFFRAGIO FEMMINILE (il diritto di voto alle donne).

## 1678

### Le ragazze vanno all'università

La prima donna a ottenere il titolo universitario fu la **veneziana Elena Lucrezia Cornaro.** A questa ragazza d'avanguardia, proveniente da una famiglia aristocratica, non fu permesso frequentare Teologia. Riuscì però a studiare Filosofia e a laurearsi.

La britannica Elizabeth Blackwell fu la prima donna a laurearsi in Medicina negli Stati Uniti, nel 1849, e a svolgere la professione di medico. In Italia, la prima donna a laurearsi in Medicina fu **Enerstina Paper,** che ottenne il titolo universitario nel 1877. Ernestina però non era nata in Italia, ma a Odessa, nell'odierna Ucraina.

## 1910

### Donne d'alta quota

La francese Raymonde de Laroche fu la **prima donna a ottenere il brevetto di volo, nel 1910**. L'aviatrice americana Amelia Earhart fu invece la prima donna ad attraversare l'Atlantico in solitaria nel 1932. Nel 1979 una giamaicana, Maria Ziadie-Hadad, fu la prima donna a pilotare un aereo commerciale. E nel 1933 Barbara Harmer fu la PRIMA a pilotare un Concorde, il velocissimo aereo che collegava Europa e Stati Uniti!

## 1940

### A capo di un Paese

Tra il 1940 e il 1944 Khertek Anchimaa-Toka fu la **prima donna a essere scelta come capo di Stato**, quindi non come le regine, che governavano per ragioni ereditarie. Divenne il primo ministro della Repubblica Popolare di Tannu Tuva, uno stato annesso alla ex Unione Sovietica.

Altre donne, come Violeta Barrios de Chamorro in Nicaragua, Michelle Bachelet in Cile o Mary Robinson in Irlanda, sono state a capo dei loro rispettivi Paesi. Quindi **anche tu un giorno potrai diventare presidente**!

Zoe
MINICHEF

# La mia torta preferita:

## *torta di biscotti (e cioccolato)*

**200 g di cioccolato al latte in tavoletta**
**200 g di panna**
**150 g di zucchero macinato finissimo**
**100 g di burro**
**200 ml di latte**
**1 pacchetto di biscotti rettangolari**
**Cacao in polvere**
**Elementi per decorare (confetti di cioccolato, caramelline gommose, orsetti, palline di zucchero, ecc.)**
**1 stampo quadrato**

In un pentolino fondi il cioccolato. A parte monta la panna con metà dello zucchero, quindi unisci la panna montata al cioccolato.

Monta il burro ammorbidito con l'altra metà dello zucchero finché non si forma una crema. Mischiare al cioccolato.

Versa il latte in una ciotola e inzuppaci i biscotti. Con il burro che ti rimane ungi lo stampo e disponi un primo strato di biscotti sul fondo. Metti uno strato di crema al cioccolato. Continua alternando uno strato di biscotti inzuppati nel latte e uno di crema al cioccolato. L'ultimo strato dev'essere di cioccolato, per favore ☺.

Metti a riposo in frigo per almeno due ore **(è dura aspettare, lo so)**.

Per tirare fuori il dolce dallo stampo, passa con attenzione dell'acqua calda sullo stampo per qualche secondo e giralo.

Termina con il cacao in polvere e gli elementi di guarnizione. *TA-DAN!*

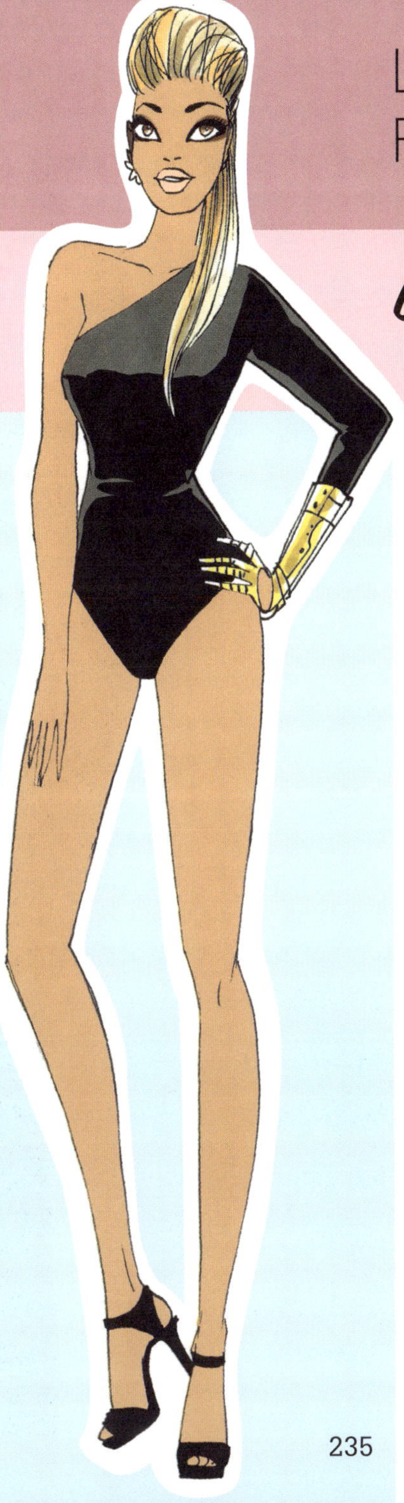

# Beyoncé

## in Single Ladies (2008)

La più amata, ammirata e imitata per i suoi look in scena… è Queen Bey, o Beyoncé. Nel 2008 rivoluzionò il mondo della musica con una canzone, *Single Ladies (Put a Ring on It)*, e un videoclip. Accompagnata da due ballerine e con un **attillatissimo body nero**, una spalla scoperta e un guanto metallico alla mano sinistra, Beyoncé riuscì a stregare tutti, fino a raggiungere più di **500.000.000** di visualizzazioni del suo video. *Un vero record!*

Il *look* e il balletto di *Single Ladies* sono diventati così **popolari** che un'infinità di altri artisti (soprattutto comici) ne ha fatto delle parodie. Nonostante tutto, questa canzone e questo look sono diventati un vero classico.

# L'abc
## della moda secondo Liseta
## dalla A alla Z

**Per parlare di moda, servono le parole giuste!**

## Ysl

*YSL*, o Yves Saint Laurent, è stato uno degli stilisti più importanti del XX secolo. Scelto da giovanissimo come direttore creativo del marchio Christian Dior, sorprese tutti con una collezione spettacolare.

Quando se ne andò per creare una firma tutta sua, rivoluzionò la moda femminile. Sono famose le sue collezioni ispirate ai quadri di Mondrian o Picasso, i suoi completi di ispirazione russa o il suo capo irrinunciabile per ogni donna: lo smoking maschile con giacca e pantalone.

# Zip

O chiusura lampo. Un'invenzione del XX secolo che rivoluzionò il mondo. *Come faremmo oggi a vivere senza?*

# *E se dovessi farti passare per un ragazzo?*

*Sul serio. Molti anni fa, se volevi entrare nell'esercito o fare il medico o partecipare a un campionato di judo, dovevi rispettare una sola condizione: essere uomo. Fortunatamente oggi le cose sono cambiate parecchio, ma lo sapevi che molte donne dovettero farsi passare per uomini per avere successo? Stiamo parlando di scrittura.*

## Currer Bell o Charlotte Brontë?

Charlotte Brontë, non c'è dubbio. Sia lei sia le sue sorelle, Emily e Anne, firmarono le loro opere con nomi maschili, ma Charlotte **tornò a usare il proprio nome** quando diventò famosa con il suo romanzo più conosciuto, *Jane Eyre*. L'infanzia passata in un orribile istituto ispirò molti passaggi della storia, i più duri, e lei per prima non ebbe una vita allegra: **morì giovane** di tubercolosi (proprio come le sorelle e il fratello), incinta del primo figlio.

## Fernán Caballero o Cecilia Böhl de Faber?

Altra donna che dovette nascondersi dietro uno pseudonimo maschile.
La scrittrice Cecilia Böhl de Faber **diventò Fernán Caballero** per potersi dedicare alla sua passione: la letteratura. Persino suo padre provò a dissuaderla dallo scrivere perché, diceva, le donne non hanno talento in quel campo. Puoi immaginare come si sarà sentita lei. Dietro la maschera maschile, dimostrò comunque che di talento ne aveva da vendere e pubblicò molte opere.

## George Eliot o Mary Anne Evans?

Frequentò diverse scuole per signorine in cui si insegnavano solo cucito e disegno, ma studiò **latino e filosofia**. Pur di essere presa sul serio ed evitare che la confondessero con una scrittrice di romanzi rosa, rinunciò a usare il proprio nome. E oggi, a più di cent'anni di distanza, si continua a prenderla molto sul serio. La sua opera più famosa è ***Middlemarch***, un **capolavoro della letteratura** di tutti i tempi.

## George Sand o Aurore Dupin?

Aveva il titolo di baronessa de Dudevant. La giovane Aurore cominciò a pubblicare con uno pseudonimo e a vestirsi da uomo per muoversi liberamente in una Parigi in cui le cose **non erano affatto facili per una donna.** Amica dei più importanti artisti del tempo, visse a Maiorca con il compositore Fryderyk Chopin per poi tornare nel suo castello vicino a Parigi, dove morì qualche anno dopo.

# I migliori travestimenti della Banda

**TRAVESTIMENTO DA FASHION BLOGGER COOLHUNTER**
**Perfetto per fare capolino nei photocall delle feste più esclusive.**

**TRAVESTIMENTO DA PUNK INGLESE ANNI OTTANTA**
**Con questo, se vuoi muoverti in incognito, nessuno ti riconoscerà.**

## SE VUOI INFILTRARTI NEL MONDO DELLA MODA, IL SISTEMA MIGLIORE È NON PASSARE INOSSERVATA

**Scarpe con zeppe vertiginose, parrucche bizzarre e capi audaci ti aiuteranno a sembrare la più FASHION tra le fashion.**

# Lingue vive e lingue morte

Marc parla spagnolo, inglese, francese, italiano, tedesco, cinese, russo e un po' di swahili. Niente male, no? Ma non è niente in confronto alla quantità di lingue che esistono al mondo. Lo sapevi che nel nostro pianeta si parlano circa **6000 lingue diverse**? Vengono definite *lingue vive*, perché sono lingue parlate tutt'ora, lingue di uso comune.

Esistono poi altre lingue, che ormai sopravvivono solo nei libri o nei ricordi, che vengono usate per compiti specifici: religiosi, professionali, culturali… Sono le *lingue morte*, come **il latino**, **il sanscrito o il greco antico**. E ogni anno più o meno un centinaio di lingue vive si trasformano in morte perché smettono di essere usate.

Le cause sono tra le più diverse: per colpa di una guerra o di una catastrofe naturale, un popolo può scomparire, e con lui la sua lingua. Oppure la lingua di un paese cade in disuso perché i suoi abitanti pensano di poter avere più possibilità se parlano quella di un paese più grande, con maggior potere economico o culturale.

Esistono lingue che sono "risorte", come l'ebraico o il finlandese; lingue che erano minacciate e a cui è stato dato un impulso volontario a essere usate ancora. Altre come la lingua dei Guanci (antichi abitanti delle Canarie), il dalmata (che non ha niente a che vedere con i cagnolini) o la lingua ubykh, ormai sono **definitivamente morte**.

# Imparare a dire di NO... Non è difficile!

*Sarebbe bello dire sempre sì, ma ci sono occasioni in cui non vogliamo o non possiamo fare quello che ci viene chiesto. In casi come questi, la risposta dev'essere negativa, una cosa di cui alcune persone (diciamo pure molte!) hanno paura. Paura di far arrabbiare gli altri, paura di fare brutta figura o di perdere un'opportunità. Dire di no educatamente è meglio che dire di sì a qualcosa che NON vogliamo fare, per poi pentircene.*

**1.** Tieni sempre a mente quello che per te è importante e accettabile e quello che non lo è. Una volta che ti sono chiare le priorità, saprai esattamente che cosa **merita un sì e che cosa un no**.

**2.** Se qualcuno ti chiede una cosa che tu ritieni non stia bene, o che non hai voglia di fare o che in quel momento ti crea problemi, l'unica risposta possibile è NO. E l'altra persona deve capirlo. **NO vuol dire NO.** Non significa «dopo», né «forse», e nemmeno «è uguale». È NO. Punto.

**3.** Non girarci intorno, di' no e basta. La cosa migliore è **andare subito al sodo** e dire no senza esitazioni.

**4.** **Non dare scuse o spiegazioni** se non è strettamente necessario. Non hai motivo di giustificare le tue ragioni, a meno che tu non ci tenga.

**5.** Non offrire alternative, o alla fine ti troverai ad accettare qualcosa che non vuoi.

**6.** Non sentirti in colpa. **Hai tutto il diritto di dare un no come risposta.** E questo non ti renderà antipatica né insolente.

**7.** E quando, **al contrario**, l'altra persona ti propone un progetto che ti piace molto o ti chiede un favore che sei in condizioni di poter fare, rispondere con **un bel sì** ti darà una grandissima soddisfazione.

# Attrici di ieri, di oggi e di sempre

*Tutti pazzi per il CINEMA!*

## Greta Garbo

Ah, la Garbo! Considerata una delle **donne più belle del mondo**, quando venne inventato il cinema con il sonoro, i suoi nuovi film annunciavano: «La Garbo parla». E ride, perché oltre a ruoli drammatici come in *Margherita Gauthier*, fece anche ridere il suo pubblico in *Ninotchka*.

## Marilyn

Un mito cinematografico senza pari. Protagonista di commedie deliranti come *A qualcuno piace caldo* o *Gli uomini preferiscono le bionde* fu la regina incontrastata del grande schermo per quasi vent'anni.
**Come tutti i miti, vive ancora.**
*Viva Marilyn!*

## Meryl Streep

L'attrice per definizione. La più dotata, una vera specialista nel cambiare accento, in grado di **mettersi nei panni dei personaggi più complessi**. Hai visto *Mamma mia*? Quando vuole, è bravissima anche a cantare, ballare e farci ridere.

## Kristen Stewart

La stella della sua generazione. Sempre controcorrente, dopo aver trionfato con la saga di *Twilight*, ha abbandonato i ruoli facili. Testimonial di marche di cosmetica e di moda, riesce sempre a fare notizia. Lei è così.

# PICCOLA GUIDA PER GRANDI VIAGGIATORI

## *Il top di Roma*

*Roma è senza dubbio una delle città più belle al mondo. Se la chiamano la Città Eterna un motivo ci sarà! A ogni angolo puoi imbatterti nei resti di un monumento che risale a MIGLIAIA di anni fa. Ha un'architettura grandiosa, che abbraccia tutta la storia, dall'antichità ai giorni nostri. E che dire della bellezza dei suoi tramonti lungo il Tevere? E della cucina... Ah, Roma, Roma! Da lei tutti ripartono con il desiderio di tornare, e sai perché?*

✦ **Per il Foro Romano,** uno dei *complessi archeologici* più importanti del mondo. Comprende il Colosseo e il Palatino, e poi vari archi, come quello di Tito e quello di Settimio Severo. Per non parlare dei resti di svariati templi di cui restano solo le impressionanti colonne. L'antica Roma è ancora (quasi) tutta in piedi.

✦ **Per la Fontana di Trevi.** La famosa fontana in cui i turisti lanciano una monetina di spalle per garantirsi di poter tornare, un giorno. Lo sapevi che ogni anno si raccolgono monete per *più di un milione di euro*?

✦ **Per il Vaticano e la Cappella Sistina.** Una vera meraviglia! Il grandioso affresco di *Michelangelo* continua ad attirare folle da tutto il mondo.

✦ **Per il Tevere,** il fiume che attraversa Roma. La luce del tramonto sul Tevere contribuisce a creare uno dei *paesaggi più belli del mondo*. Approfittane per fare una bella passeggiata!

✦ **Per Piazza di Spagna e la sua scalinata.** Dal belvedere di sopra si gode di uno dei *panorami più belli della città*.

✦ **Per la pasta.** Sì, la pasta! Nei ristorantini di Trastevere si possono assaggiare *deliziosi piatti di pasta* all'arrabbiata, alla carbonara o all'amatriciana. *GNAMMM!*

✦ **E per i gelati.** Non c'è niente di meglio che passeggiare per le stradine di Roma mangiando un bel gelato.

# Che cosa vuoi fare da grande?

*Uff, com'è difficile!* A momenti non sappiamo nemmeno che cosa metterci la mattina e già dobbiamo pensare al futuro… È proprio dura!
Però forse hai una pista da seguire. **Sei brava nello sport? Ti piace cucinare? Vai bene in disegno? Sei capace di aggiustare l'asciugacapelli senza doverlo portare in assistenza?**
Scopri quali sono le tue abilità con il test di Zoe e fidati di te stessa.
*Andrai lontano!*

*1. La cosa che ti piace di più a scuola è:*

**a.** la matematica. Non capisci perché tutti la odino. A te viene facilissima.

**b.** la ricreazione. Cerchi un pallone, raccatti un po' di amici *e giocate*!

**c.** la storia e la storia dell'arte. *Sono la tua passione!*

### 2. Immaginati tra vent'anni. Ti vedi nei panni di:

**a.** una manager piena di lavoro, sempre in viaggio per il mondo.

**b.** una cuoca con un ristorante davvero trendy.

**c.** un capo di stato con moltissime responsabilità.

### 3. Cancella la cosa che non ti piace per NIENTE:

**a.** andare a letto tardi.

**b.** alzarti presto al mattino.

**c.** lavorare nel fine settimana.

### 4. Se dovessi descriverti con due parole, diresti che sei:

**a.** studiosa e lavoratrice.

**b.** fantasiosa e creativa.

**c.** intelligente e intuitiva.

**Risposte:**

**Maggioranza di a:** Ti si addicono gli studi tecnici, ma anche gli incarichi di responsabilità.

**Maggioranza di b:** Andresti forte nelle attività creative indipendenti, lavorando in proprio o creando un'impresa tutta tua.

**Maggioranza di c:** Sei brava nello studio, ma sai anche uscire dagli schemi per trovare soluzioni ai problemi. Continua a sviluppare le tue capacità, vedrai che troverai la tua vocazione.

# すみません
# (O SUMIMASEN?)

## *Giapponese per principianti*

Il Giappone è uno dei paesi più importanti al mondo. E non solo per la sua popolazione, visto che ci vivono 130 milioni di persone. Questo Paese è all'avanguardia per quanto riguarda l'innovazione tecnologica e la ricerca. E il sushi è delizioso… **L'hai mai assaggiato?**

Immagina di dover ordinare un piatto di sushi in giapponese.

*Puoi provare così:*

### 1. «VOGLIO SUSHI, HO FAMUSHI.»

**TERRIBILE.** I giapponesi sono molto educati, e questo modo di chiedere le cose può farli stare malissimo, davvero. Non capiranno lo scherzo e, quel che è peggio, rimarrai a bocca asciutta e con un palmo di naso. Fai un piccolo sforzo, su.

In questo caso può succedere che:

**a.** Ti guardano sorridendo e, dopo averti fatto un paio di inchini di circostanza, ti sbattono fuori.
**b.** Ti danno un po' di riso per farti chiudere la bocca. E arrivederci.

### 2.«すみません、お寿司のセットを注文したいのですが、よろしいですか。»

**PERFETTO, MA…**

Non abbiamo capito niente. Conosci gli ideogrammi perfettamente, ma come pronunceresti questa frase? Dai, su, facci una dimostrazione.

### 3. «Sumimasen, O-Sushi no setto wo chuumon shitai no desu ga, yoroshii desu ka.»

**COSÌ VA BENE.**

Finalmente una domanda come si deve: **«Mi scusi, vorrei ordinare un menù di sushi, è possibile?»**. Sicuramente te lo porteranno con grandi cerimonie perché i giapponesi sono molto eleganti e raffinati. Ricorda: mentre mangi il sushi non parlare con la bocca piena. ☺

# QUANTO NE SAI DELLA BANDA DI ZOE?

**Se sei arrivata fin qui, probabilmente sei ormai un'esperta. Vuoi vedere quanto ne sai della tua banda PREFERITA? Un indizio: a Liseta piace il rosa; a Marc i libri; ad Álex le avventure e i cellulari, e a me... tutto il resto. Ah, e non far caso ai consigli di Amanda! Sai già che sono IL PEGGIO DEL PEGGIO.**

*1. La famiglia di Zoe è un po' complicata. Ha sette zie, due fratelli, un asinello, due galline...*

**a.** Sua madre ha una sorella gemella, e Zoe una sorella di nome Matilde.

**b.** Matilde è la sua prozia, che suona il clavicembalo e le dà i baci con lo schiocco sulla guancia. *Smack!*

**c.** La sorella gemella di Zoe si chiama Matilde e in realtà fa la stilista di moda a Timbuctù.

*2. La prima avventura della Banda di Zoe si è svolta a Parigi, e tutto è cominciato con...*

**a.** La scultura di un gatto che qualcuno aveva rubato dal Museo del Louvre. La cosa peggiore è che avevano dato la colpa al padre di Zoe e...

**b.** Delle signore pazze che avevano rubato un gatto d'angora di nome Manicure che apparteneva ad Amanda, la più pazza di tutte, ma in fondo...

**c.** Amanda e le sue amiche che avevano manifestato a Parigi affinché i gatti potessero andare in limousine ed entrare nei ristoranti di lusso, e poi...

*3. Liseta è la migliore amica di Zoe, e c'è una cosa che non farebbe mai:*

**a.** Liseta non andrebbe mai a dormire senza prima aver finito i compiti.

**b.** Liseta non si metterebbe mai un vestito che non sia firmato.

**c.** Liseta non litigherebbe mai con Álex per dei biscotti al cioccolato.

**Risposte:**
1. La risposta giusta è la a.
2. La risposta giusta è la a.
3. La risposta giusta è la b! Indossare qualcosa che non sia di marca... *GIAMMAI!*

# Arrivederci!

Ebbene sì, siamo alla *FINE* di questo libro. Speriamo ti sia piaciuto e che ti abbia fatto conoscere (alcune) cose che ancora non sapevi. Tutta la Banda ha dato il proprio contributo per *condividere con te* parte delle sue conoscenze (soprattutto Marc).

Da parte di Liseta, ricorda che *less is more*, cioè meno è meglio. Quello che intende è che la moda, in fondo, *NON* è così importante. Anche se per lei è fondamentale.

Da parte di Marc, sappi che quando finisci un libro devi cominciarne un *ALTRO*. Quindi se sei arrivato alla fine del nostro, è il momento di cercarne uno nuovo da leggere. Nuovo vuol dire che *non hai ancora letto*. Condividere i libri che ci sono piaciuti è sempre bellissimo.

Da parte di Álex, non dimenticare che bisogna *prendersi cura del pianeta*. Se non lo facciamo un giorno ce ne pentiremo. E l'unico modo è fare ciascuno la propria parte.

Da parte di Kira, che *gli animali non sono giocattoli* e che in loro troverai sempre dei compagni fedeli. E aggiunge anche: *BAU BAU!*

Da parte di Matilde, ricordati di studiare e di comportarti bene, che bisogna *FARE LE COSE AL MASSIMO...* che tu vada a scuola o sia una cantante rock.

E da parte mia… be', abbi cura di non fare tutte le ricette al cioccolato in una volta sola, eh eh eh. E *fidati SEMPRE del tuo istinto.* Essere in gamba non passa mai di moda, davvero.

*È tutto!*
*Bacioni XOXO*

*Zoe*

# Indice

Questo libro non è vendibile
se sprovvisto del presente tagliando

**PROVA D'ACQUISTO**
IL BATTELLO A VAPORE
IL GRANDE LIBRO
DELLE RAGAZZE
6505-5